AF391540

AUTOUR
D'UNE VIE CORÉENNE

EN PRÉPARATION :

Recueil des Contes coréens

SEU RING-HAI

서영해 져

AUTOUR
D'UNE
VIE CORÉENNE

PARIS

ÉDITIONS AGENCE KOREA

7, rue Malebranche

AUTOUR
D'UNE VIE CORÉENNE

PREMIÈRE PARTIE

Voici un aperçu très sommaire de l'histoire légendaire d'un pays d'Extrême-Orient, dont l'originalité est d'autant plus intéressante qu'elle esquisse assez bien l'esprit de tout un peuple. Je veux parler ici de la Corée et du peuple coréen. Son histoire légendaire qui n'a encore tenté la curiosité d'aucun conteur, nous est parvenue à travers plus de quarante-deux siècles par la bouche de paysans aussi ignorants que crédules, prétendant obstinément que leur pays est le jardin terrestre des dieux. Je dis *légendaire,* peut-être le mot n'est pas toujours juste : on y constate de pures vérités historiques. Par exemple, ils disent :

Nos ancêtres vivaient entre les bords méridionaux du fleuve Huc-Long (fleuve d'Amour) et les rives septentrionales de la Riung-Haï, (aujourd'hui la mer du Japon.) Ils s'habillaient avec des feuilles, ils se nourrissaient de fruits et se reposaient dans des nids quand il faisait chaud et dans des grottes quand il faisait froid.

Ecoutons-les encore :

Un jour, Dieu descendit tenant un sceptre et trois sceaux, suivi de ses ministres du Vent, des Nuages et des Tonnerres, sous un Tan séculaire (le Tan est un arbre, une espèce de santal) du mont Tai-bec (mont blanc d'Asie qui se trouve à cheval sur la frontière sino-coréenne). C'est de là qu'il montra aux hommes le chemin de l'Humanité en leur enseignant la Pitié, l'Honneur et la Probité. L'agriculture fut à la base d'une religion dont il jeta les fondations. Selon l'enseignement de cette religion, le plus grave péché était d'agir par intérêt. Après cent vingt-quatre ans d'expérience personnelle Dieu donna à ce peuple un roi, qui sous le nom de Tan-kun (roi Tan) vint le guider.

Tan-kun, après une expérience de vingt-deux ans, pendant laquelle il put apprécier le caractère particulièrement noble de ce peuple, épris de paix et de liberté, s'installa à Ping-Yang, choisie comme capitale et donna à son royaume ce nom caractéristique du *Jo-Sun* qui signifie *Matin-Calme.*

Durant la dynastie de Tan-Kun, ce pays semblait avoir atteint un degré de civilisation rarement constaté parmi les peuples primitifs, notamment dans l'art d'écrire, la culture du sol et la domestication des animaux. Mais cette civilisation fut submergée par celle des Chinois apportée par Kija en 1122 avant J.-C. Ce noble chinois introduisit un nouveau langage écrit; les idéographes chinois établirent un gouvernement stable, édictèrent des lois sages et développèrent en général une civilisation supérieure même à celle qui existait en Chine à cette époque. Favorisées par un climat très agréable et tempéré qui met en pleine valeur son agriculture intensive, les productions du pays suffisaient aux besoins de toute la population. Chacun y travaillait non seulement par devoir, mais par plaisir. D'autre part, suivant leur religion qui liait étroitement par une obligation morale chaque individu à ses semblables, les habitants de ce pays se voyaient toujours protégés par le sentiment de la justice qui était dans leur voisin. Voilà pourquoi ce peuple, jouissant d'un réel bonheur et de la paix, ignorait la puissance de la force brutale. Lisez cette phrase relevée dans une brochure qu'un professeur français écrivit après son récent voyage en Corée:

...Le militarisme coréen se limite à un thème de danses. Quand j'étais à Séoul, j'ai assisté à des danses charmantes exécutées par des danseuses coréennes qui représentaient des généraux. C'étaient des généraux exquis vêtus de soie claire, coiffés de casques pittoresques, qui agitaient les uns contre les autres de courtes épées élégantes en des gestes harmonieux. Je dois avouer que jamais le militarisme ne m'avait paru aussi sympathique que, lorsqu'il était incarné par des danseuses coréennes qui s'appelaient Parfum de Chrysanthème, Nénuphar-Rouge, Pêche de Jade...

Pour terminer mon sommaire historique, je voudrais encore vous citer deux faits significatifs, ils vous donneront une assez intéressante idée des Coréens. En voici un, tiré d'un manuel d'histoire japonaise:

Vers l'an 1600 après J.-C., dans la pro- fondeur d'une nuit d'été quelques légions japonaises débarquèrent clandestinement sur la côte orientale de la Corée et entrè- rent dans une ville coréenne afin de s'en emparer. Le chef de cette expédition, qui commandait en personne à la tête de ses fantassins, ordonna brusquement l'arrêt de la marche et tint à ses subordonnés cette harangue: « Aucune maison dans cette ville n'a fermé la porte, cependant tout le monde y dort tranquillement ayant les fenêtres ouvertes. Il n'y a donc pas de voleurs dans ce pays! Oh! vraiment ce peuple est l'élu de Dieu. Ne l'attaquons pas, car nous serions punis. » Et dans la même nuit ils reprirent la mer.

Voici un autre fait assez récent, puis- qu'il a eu lieu en 1900:

— Un jour, un gentilhomme agricul- teur coréen, se rendant aux champs pour voir si ses pommes de terre étaient bonnes

à récolter, surprit un étranger en train de les voler. Le voleur pris de panique se glissa derrière un buisson touffu. Alors notre gentilhomme, très scandalisé, s'agenouilla vivement près du buisson et s'écria à l'adresse de l'inconnu:

— Etranger, vous ne devez pas ignorer que chaque objet a son propriétaire. Si vous avez oublié cela, je vous le rappelle.

Et il répétait sans cesse ce propos. L'inconnu qui avait cru d'abord voir en ce gentilhomme le propriétaire des champs, pensa alors que ce n'était pas le propriétaire, car s'il l'eût été, il lui aurait demandé une explication et un dédommagement. Aussi tout en murmurant:

— Qui donc peut être cet homme si curieux qui me dérange?

Il se releva le plus naturellement du monde et recommença à remplir son sac, tandis que l'autre continuait à répéter sa prière quelque peu ridicule. Le voleur s'en alla très tranquillement, emportant son sac rempli de pommes de terre volées,

sans que le propriétaire eût pu l'en empê-
cher. Alors notre gentilhomme, s'en allant
à son tour chez lui murmura tout seul:
« C'est un fou ».

Hélas, s'il n'avait été qu'un fou!... Mais l'étranger était un Japonais!

Renfermé jalousement dans une civilisation millénaire dont la base fondamentale était la sagesse et la vertu, le pays du Matin-Calme a connu, au cours de ce dernier siècle, des heures à la fois noires et sanglantes. Plusieurs fois victime de la force brutale de ses voisins pour qui l'honneur et la justice n'étaient que de vains mots, la Corée a compris enfin, mais trop tardivement, la nécessité d'une transformation radicale de laquelle dépend d'ailleurs la vie de ses vingt millions d'habitants. Un énorme mouvement d'émancipation nécessairement révolutionnaire fut donc organisé et dirigé par un jeune intellectuel du nom de Bac Sontcho. C'est justement ce Bac Sontcho, une grande figure sympathique de la Corée nouvelle, que je me propose ici même de présenter au public. Bac Sontcho est un nom sans doute inconnu des Européens, mais c'est incontestablement une lumière cachée à l'Humanité tout entière.

Né d'une famille de riches négociants coréens, il avait été élevé dans une classe d'hommes perpétuellement mécontents. Pour bien faire comprendre ceci, il faut avant tout que j'ajoute un mot sur la hiérarchie sociale de la Corée sous l'ancien régime.

Il y avait trois classes sociales. D'abord la classe *kui-joc*, qui était la haute aristocratie dirigeante du pays; ensuite deux éléments intellectuels et laborieux, les lettrés et les agriculteurs, formaient la classe *yang-ban*; enfin la classe *sang-num*, ou vulgaire, comprenait, outre les esclaves, les cordonniers, les bouchers et les palefreniers. Quant aux commerçants, bien qu'ils eussent toutes les qualités nécessaires pour être *yang-ban*, ils étaient qualifiés de « chercheurs d'intérêt » par une stupide tradition millénaire qui les rangeait dans la classe vulgaire. Et si les principaux éléments de cette classe vulgaire acceptaient sans murmures les conditions de leur existence, réduite à l'esclavage, les commerçants, eux, ne les supportaient que de mauvaise grâce.

Or, dans ce pays où la justice fiscale n'a jamais existé et où, depuis la décadence, la corruption régnait en maîtresse absolue, les fonctionnaires n'étaient que des sangsues de la population inoffensive. Les classes bourgeoises avaient toutes les armes nécessaires pour éviter les impôts. Les charges de l'Etat venaient écraser la classe inoffensive dite « vulgaire ». Parmi les éléments qui for-

maient cette classe vulgaire, les commerçants souffraient particulièrement, car si
les autres étaient généralement pauvres,
eux, les commerçants, ne l'étaient point.
Au contraire, ils étaient ceux qui
maniaient le plus d'argent à travers tout
le pays. Depuis des événements tels que
la guerre sino-japonaise suivie de troubles
intérieurs, et alors qu'on en prévoyait
déjà comme imminente une autre plus terrible (la guerre russo-japonaise), les négociants coréens perdaient leur clientèle
étrangère : Chinois, Russes, Japonais. La
plupart d'entre eux se voyaient déjà
ruinés. Cependant les impôts les écrasaient
de plus en plus... Voilà pourquoi l'entourage du jeune Bac Sontcho, dont le père
était un grand négociant, était en agita-
tion perpétuelle. Cependant lui, l'unique
garçon de quatre enfants, avait été l'objet
de la tendresse de toute sa famille. Son
père, malheureux d'être un vulgaire com-
merçant, n'avait qu'une seule consola-
tion : préparer à son fils une carrière

d'honneur. Aussi le confia-t-il à un illustre précepteur.

Dès l'âge de sept ans, le jeune Sontcho était déjà très curieux. Un jour, par suite d'une contestation de jeu, il se querella avec sa sœur aînée, Dalsoun, qui avait à peine deux ans de plus que lui. Sa mère survint et la gronda sans aucune explication, tandis qu'elle prodiguait mille caresses au garçon. Attendri par les grosses larmes que sa sœur laissait tomber en silence, il demanda à sa mère pourquoi elle avait grondé Dalsoun qui n'avait point tort, alors que lui il recevait des caresses quand il n'avait pas raison. Sa mère lui répondit en souriant :

— Parce que les grands doivent toujours pardonner aux petits.

— Même quand les petits sont méchants? demanda encore Sontcho.

— Ah! quand les petits sont méchants, la maman est toujours là pour les punir.

Il avait l'habitude de jouer dans la rue avec les enfants de *yang-ban,* surtout le soir, quand ceux-ci sortaient de l'école, que lui, le petit Bac Sontcho, fils d'une famille de *sang-num,* donc vulgaire, n'avait pas le privilège de fréquenter. Pourtant il était l'objet d'un grand mépris de la part de ses compagnons de jeu. Parfois, on lui défendait brutalement de répondre aux injures ou aux méchants coups que lui donnaient ces petits *yang-ban.* Alors cette âme innocente, remplie de misère, allait chercher ses parents pour leur dénoncer la lâcheté des écoliers. Une fois, il leur demanda, d'un ton très sérieux :

— Pourquoi y a-t-il tant d'injustices et d'inégalités entre les hommes, alors que l'être humain est le même partout?...

Ses parents, les larmes aux yeux, lui répondirent d'une voix triste :

— C'est qu'il y a dans ce monde deux catégories d'hommes, à savoir : le *yang-ban* et le *sang-num.* Le *yang-ban* est sacré, par suite inviolable, tandis que le *sang-num* est vulgaire, on ose tout lui faire, même les affronts les plus injustifiables. Oui, nous sommes les victimes immolées du *yang-ban*.

A cette réponse, l'enfant s'empressa de demander encore quelle était l'origine de ces deux classes. Comme ses parents ne savaient pas lui répondre, il alla poser la même question à son précepteur qui lui répondit que les hommes naissent égaux et qu'il n'y avait pas une race de *yang ban* ni de *sang-num*. Mais celui qui a assez de sagesse et de vertu d'abord pour comprendre le « Chemin » confuciusien, ensuite pour augmenter la gloire et l'honneur des parents et du Roi, devient *yang-ban*, et celui qui n'en a pas assez pour l'un et l'autre devient d'office *sang-num*.

— La possession de la sagesse et de la vertu est-elle un pouvoir prédestiné seulement à certains hommes? repartit l'élève.

Le précepteur, émerveillé par la curiosité précoce d'un enfant de dix ans, lui répondit que toute la nature humaine est pure et bonne et également capable d'apprendre, et que seuls le milieu et l'éducation pouvaient façonner un homme.

— La nature humaine dans la jeunesse, continua le précepteur, est comparable à l'eau dont la forme peut varier selon le vase dans lequel on la met. Mais il arrive un âge où la nature humaine se forme souvent pour toujours. Sachez que tout dépend de la volonté de l'individu. Par conséquent, cher enfant, ayez une volonté digne de Confucius pendant que votre nature peut se laisser modeler, et soyez grand.

Le jeune Sontcho, après l'avoir remercié, s'en alla l'air très grave.

A quinze ans, son père l'envoya au Japon pour continuer ses études. Un jour, alors qu'il assistait à un cours de géographie avec ses camarades japonais, le professeur expliqua, au milieu de la leçon, la nécessité pour le Japon de coloniser la Corée. Bac Sontcho, dans un brusque mouvement de colère, saisit vivement une chaise et frappa l'indélicat professeur qui hurla au scandale. L'affaire vint devant le conseil de discipline, et Bac Sontcho fut mis à la porte. Après avoir poussé fort en avant ses études, comme ses moyens le lui permettaient, il entreprit un voyage à travers l'Europe et l'Amérique. C'est au cours de ce voyage qu'il conçut et arrêta un vaste plan révolutionnaire pour sauver son pays menacé par la convoitise du Japon. En effet, depuis longtemps déjà le Japon avait ses visées. Il cherchait des terres où déverser le trop-plein d'une population qui s'accroissait avec une extraordinaire et dangereuse rapidité. Depuis longtemps, il convoitait la Corée. Il ne pouvait pas admettre que ce pays riche, faible et peu peuplé, qui dominait la mer du Japon et qui devait faciliter la réalisation de son rêve sur le continent chinois, fût entre d'autres mains que les siennes. Toute son histoire passée depuis les temps légendaires lui faisait d'ailleurs considérer la Corée comme sa proie légitime.

J'ai dit plus haut : « ...Surtout depuis la décadence du pays, la corruption régnait en maîtresse absolue... »

Avant d'entrer dans le vif de mon sujet, je voudrais bien tracer en quelques lignes les différentes phases de cette décadence. Ici, tout d'abord, je ne saurais me dispenser d'évoquer — même en un exposé très sommaire — l'influence et le rôle du bouddhisme depuis son introduction en Corée par des Chinois, au vi⁰ siècle (ère chrétienne).

Pendant les quatorze siècles de son existence dans ce pays — siècles qu'on peut diviser en deux grandes périodes : l'une de floraison et de puissance, qui dura de son introduction à la fin de l'époque de la « Corée », c'est-à-dire du début du vi⁰ siècle à la fin du xv⁰; l'autre, de décadence et de mépris, qui dura pendant toute la dynastie des Li, c'est-à-dire de la fin du xv° jusqu'au début du xx° siècle — le bouddhisme n'avait pu que rendre, à tous points de vue, d'utiles services à la Corée. En introduisant les arts dans sa civilisation simple et grossière, en idéalisant sa vie primitive, le bouddhisme avait incontestablement dirigé pendant quatorze siècles — qu'on le veuille ou non — la conscience nationale de la Corée.

Depuis son introduction, jusqu'au début de la dynastie des Li, soit pendant un millier d'années, le bouddhisme avait piloté la vie coréenne, matériellement et moralement. De cette façon, la classe dirigeante et intellectuelle de cette époque était toute formée de fidèles du Bouddha. Autrement dit, hormis le bouddhisme, il n'y avait point de lettres ni de connaissances; hormis les bouddhistes, il n'y avait point de dirigeants ni d'instituteurs. Le bouddhisme avait tenu dans sa main pendant dix siècles le monopole de l'enseignement. Il faut reconnaître que la civilisation artistique de l'époque des Sam-Kouk ou « Trois Nations [1] » et la vie idéale de l'époque de la « Corée », dont s'enorgueillit aujourd'hui l'histoire coréenne, avaient été dues à l'admirable esprit de sacrifice des bouddhistes.

Il faut aussi reconnaître, ainsi que l'histoire nous l'apprend, que les bonzes bouddhistes étaient de bons soldats et de bons généraux. En effet, chaque fois que le pays était menacé par quelques voisins cupides, des bonzes bouddhistes se chargeaient spontanément de les refouler, et y réussissaient toujours. Tout cela ne pouvait que rendre plus solide la situation et le prestige du bouddhisme en Corée. Est-ce à dire qu'il n'y avait pas d'autres religions que le bouddhisme en Corée? Non,

1. Avant l'époque de la « Corée », la péninsule coréenne était divisée en trois Nations : du Sud au Nord : Sil-La, Bec-Jai et Cocourieu. Ce n'est qu'après l'unification de la péninsule par Sil-La, qu'elle a reçu le nouveau nom de COREE.

il y en avait deux autres bien plus anciennes que le bouddhisme : l'une, le *do-kio*, était d'origine nationale, et l'autre, le confucianisme, venait de Chine.

Le *do-kio* était une sorte de philosophie dont les adeptes menaient une vie d'ascètes; ceci afin de rester en bonne santé et d'atteindre un âge très avancé. Le confucianisme, s'étant fondé sur des bases purement politiques et littéraires, n'était pas non plus une religion populaire.

Au contraire, le bouddhisme était la religion de tous, depuis la classe dirigeante et intellectuelle jusqu'à la classe ignorante et vulgaire.

Alors comment expliquer la décadence si subitement survenue d'une telle religion, dont la racine était enfoncée depuis mille ans dans l'âme coréenne, lorsque vint le règne de la dynastie Li? Beaucoup de documents historiques prétendent en trouver la cause dans ce fait qu'à la fin de l'époque de la « Corée », les croyants bouddhistes, entre autres les bonzes, forts de leur prestige et de leur puissance, se livrèrent à l'inconduite et ainsi provoquèrent des mécontentements. Le Conseil d'Etat d'alors, craignant que ceci ne devînt un jour une cause de trouble social, se serait décidé à exercer une politique d'oppression contre les bouddhistes. Aussi un décret impérial aurait interdit aux bonzes l'accès de toutes les affaires publiques et leur aurait enlevé tous les droits civiques.

Plus tard, quand on les rangea parmi la classe de *sang-num*, ou vulgaire, avec les esclaves, les bonzes bouddhistes quittèrent le monde pour aller s'enfermer au fond des montagnes.

Or, contrairement à tous ces documents, un certain historien coréen de nos jours ne croit pas que l'inconduite des fidèles ait été la cause de la décadence bouddhiste. Et l'auteur de ce livre partage aussi cette opinion. En effet, l'inconduite de certaine catégorie de bonzes bouddhistes a toujours existé en Corée, même à l'époque la plus florissante du bouddhisme, au temps de Sil-La. Cependant je ne nie pas les conséquences fâcheuses de cette inconduite pour cette religion, mais la principale cause de sa décadence est l'extension du confucianisme, qui n'a jamais cessé de conquérir par sa philosophie, depuis son entrée en Corée, les terrains à la fois politiques et intellectuels. Lorsque, à la fin de l'époque de la « Corée », un fervent sinophile coréen, Bac I-Jung, importa de la Chine la philosophie de Jung-Jou, c'est-à-dire la philosophie de Jung-Hô et de Jou-Hi, qui n'était autre qu'une philosophie raisonnée de Confucius, les cercles intellectuels et surtout politiques de la Corée la reçurent avec enthousiasme. Dès lors les confucianistes menèrent de violentes campagnes contre les bouddhistes, en s'appuyant surtout sur l'inconduite des bonzes, et toute la classe intellectuelle embrassa le confucianisme, soit par conviction, soit surtout par fantaisie. Mais la masse resta toujours bouddhiste. Autrement dit la Corée avait alors une tête confucianiste sur un corps bouddhiste. Et quand vint le règne de la dynastie Li, vers la fin du XVe siècle, le confucianisme gagna le souverain à sa cause. Voilà la naissance d'un immense parti sinophile, sous le caprice duquel se trouvera la Corée pendant plus de quatre cents ans, tandis que le bouddhisme se contentera de son sort au fond des montagnes, acceptant stoïquement des mépris sans égaux.

Les sinophiles poussaient leur admiration pour la Chine jusqu'au fanatisme. Ils voulaient gouverner la Corée à la manière chinoise; ils en voulaient faire une Chine en miniature. Ils voulaient honorer la Corée d'une suzeraineté chinoise! Bref, ils voulaient sacrifier la Corée à leur divine Chine. Ils voulaient déshonorer l'histoire sacrée de la vie nationale coréenne! La Chine d'alors n'était pas sans orgueil ni sans ambition. Elle profita donc de l'occasion pour mettre discrètement la main sur la Corée, qui devenait officieusement sa vassale! Ce n'est pas tout, la Chine voulait profiter de sa suzeraineté. Chaque année, elle exigea de la Corée, sous toutes sortes d'aimables prétextes, le versement d'une somme importante soit en espèces, soit en nature. La politique intérieure des sinophiles n'était pas moins néfaste. Elle était destructive et vexatoire.

Pliée sous le joug d'un empereur despote, la Corée était alors gouvernée, selon les caprices tyranniques de ses dirigeants, qui confiaient le gouvernement des provinces, si ce n'était à leurs amis, au moins à des sinophiles. Ils ne se souciaient guère du bien-être de la masse populaire. Ils n'étaient point curieux de savoir ce que faisaient leurs subordonnés! Et la plupart des gouverneurs provinciaux [1], cherchant d'abord à acquitter, à

1. Ces Gouvernements provinciaux étaient comparables, à quelque chose près, à des fermiers Généraux de France sous l'ancien régime.

tout prix, le droit de leur gouvernement envers le gouvernement impérial,
puis à remplir leurs poches le plus possible, n'étaient en vérité que des sangsues de la masse populaire. Le plus grand
méfait de tous ces dirigeants aveuglés par
le fanatisme sinophile fut de prendre tout
ce qui était d'origine coréenne pour
grossier et enfantin! Aussi méprisèrent-
ils les arts et les artistes coréens de toutes
sortes. Cette politique a préparé fatale-
ment l'agonie de tous les arts nationaux
de la Corée.

En effet, deux siècles après leur avè-
nement au pouvoir, on a perdu le secret
de la fameuse céramique de l'époque
de la « Corée », les arts de la fonderie
et de la construction de l'époque de Sam-
Kouk! Cependant, malgré leur puissance
absolue, malgré leur savoir confuciusien,
ils n'étaient sûrement pas sans craindre
la masse populaire. La preuve en est qu'ils
ont voulu à tout prix étouffer son réveil.
Par exemple, quand un fils du peuple se

distinguait un peu trop, soit par son intelligence, soit par quelque invention, on cherchait à le paralyser au lieu de l'encourager. Cela, sans aucun doute, par crainte d'être surpassé! Pendant ce temps, la Chine poussait ses exigences de plus en plus loin. Et parfois ces exigences étaient si révoltantes que les sinophiles eux-mêmes en étaient outrés. D'où cette réaction contre la Chine qui réveilla dans tous les milieux sociaux de la Corée le sentiment national...

Comme on peut le deviner, la situation financière était lamentable. La caisse de l'Etat était vide, non pas que les Coréens fussent pauvres, mais parce que chaque dirigeant n'avait rien fait jusqu'à présent que remplir sa poche... Il fallait de l'argent... On commença à vendre les postes de l'Etat. Les fonctionnaires, qui avaient acheté leurs postes à prix d'or, voulaient naturellement rentrer dans leurs capitaux, avec autant d'intérêts que possible. Ils vendaient donc à leur tour les postes subordonnés aux plus offrants... Ainsi de suite, on vendait et on achetait jusqu'à la plus petite place de larbin, du moment qu'elle avait un caractère officiel. Et les hommes officiels, au nom de prétendues lois, cherchaient à sucer le sang de cette innocente masse populaire! Donc pas d'ordre, pas de justice légale... Voilà quelle était la situation de la Corée il y a un demi-siècle.

Pour comble de malheur, il y avait des éléments étrangers qui voulaient exploiter la faiblesse de ce pays. D'abord la Chine qui, après les troubles militaires de Im-O, maintenait ses troupes à Séoul. Et l'ambitieux général chinois, Yen-Shi-Kaï, prétendait s'occuper de la politique intérieure de la Corée. Puis ce fut la Russie... Puis ce fut le Japon qui prétendit lui témoigner ses « sympathies » ! La Corée était perdue!... Et ses lâches dirigeants se rangeaient tantôt du côté de la Chine, tantôt du côté du Japon ou de la Russie, pour sauvegarder leur puissance. D'où, plus tard, la guerre contre la Chine impériale en 1894, et contre la Russie tsariste en 1904, nécessaires au Japon militariste qui avait un non moins grand rêve à réaliser sur la Corée et sur le continent chinois que la Chine et la Russie. Je m'arrête ici pour ne pas m'égarer.

Je disais donc que Bac Sontcho entreprit un voyage d'études à travers l'Europe et l'Amérique.

Au cours de ce voyage, il conçut et arrêta un vaste plan révolutionnaire pour sauver son pays menacé par la convoitise du Japon.

Eh bien...

Lorsque Bac Sontcho rentra de son voyage à travers le monde, on était en pleine guerre russo-japonaise. La Corée, hélas! n'était déjà plus qu'un pays fantôme, puisque son gouvernail était tenu par le terrible comte Ito. Il n'était que temps de s'attaquer à l'œuvre. Bac Sontcho, attristé d'abord par l'état des choses, mais plein d'un courage intrépide, commença sa campagne révolutionnaire à travers le pays. Les Coréens, d'ailleurs réveillés, mais trop tardivement, depuis une dizaine d'années, par la guerre sino-japonaise de 1894, et par celle-là même qui battait son plein à ce moment, étaient faciles à convaincre par des arguments patriotiques. Il lui fut donc aisé de former une vaste organisation qui bientôt devint la championne de l'Indépendance coréenne.

Cependant il avait commencé à rassembler tous ses anciens camarades de l'Université, car il les savait tous animés d'un esprit révolutionnaire. Parmi ceux-ci, Kim Ockun, Bac Yung-Hio, Seu Kwang-Bum, Seu Jépil, etc., resteront célèbres dans l'histoire de la Corée.

Pour renforcer sa situation, Bac chercha à former une coalition avec une autre organisation redoutable, existant depuis longtemps sous le nom de Tong-Hac-Tang.

Cette organisation, bien qu'elle se proposât d'atteindre presque le même but que celle que venait de fonder Bac, était trop conservatrice et même féodale. En effet, le Tong-Hac-Tang, dont la doctrine politique est suffisamment expliquée d'ailleurs par son nom lui-même, était formé exclusivement de mandarins, d'officiers, de fonctionnaires et de lettrés aussi braves que cyniques et corrompus. Ils ne voyaient de salut que dans un retour au passé et aux principes indigènes qui ont fait la Corée antique, tandis que l'autre parti préconisait une profonde réforme d'abord, une révolution ensuite.

Cependant, estimant que la première partie de leur programme était la même que celle du Tong-Hac-Tang, à savoir : « Arracher le gouvernail de la Corée des mains du Japon », et que les enfants n'avaient pas le droit de discuter au chevet d'une mère en danger, les révolutionnaires se décidèrent donc à déployer sans hésitation toute leur éloquence et

tout leur savoir pour convaincre ces
« vieux Bâtons pourris », qui n'avaient
déjà que trop de mépris pour ces jeunes
« Girouettes effervescentes », comme ils
disaient si bien. Si ces jeunes révolutionnaires voulaient à tout prix se rapprocher
du Tong-Hac-Tang qu'ils considéraient
comme un obstacle malfaisant, c'est qu'il
avait derrière lui, non seulement une force
matérielle et une armée secrète prête à
tout sacrifier, mais encore la précieuse
sympathie de l'immense majorité de ses
compatriotes. Cette sympathie était d'ailleurs très compréhensible, étant donné
que c'était la seule organisation patrio-
tique existant dans le pays.

Il était difficile de croire à l'aboutisse-
ment d'une entente entre ces deux concep-
tions aussi opposées que possible. Mais
grâce à la sage prévoyance ou plutôt à
l'habile tactique des révolutionnaires, ils
arrivèrent à former un front unique avec
le Tong-Hac-Tang.

Lorsque, grâce à leurs innombrables

espions, la nouvelle de la vaste conspiration révolutionnaire en Corée parvint aux oreilles des Japonais, une terreur s'empara d'eux. Il y avait évidemment de quoi effrayer le Japon de voir surgir une redoutable conspiration révolutionnaire dans un pays qu'il voulait à tout prix posséder, mais où tout le monde était contre lui et où son salut n'était dû qu'à ses canons. L'étouffer, la réprimer? Cela lui était matériellement impossible, car on était en pleine guerre russo-japonaise, dont dépendait l'avenir du Japon. Cette guerre, pour lui, était décisive et vitale. Retirer du front russe des forces militaires pour étouffer une révolution coréenne serait commettre une énorme imprudence. La laisser exploser? Ce serait l'effondrement complet de l'ambition japonaise, la ruine d'une œuvre d'un demi-siècle qui lui avait coûté si cher en vies humaines et en argent.

Qu'allait-on faire? La consternation régnait dans le monde politique japonais.

Une fois de plus, le terrible marquis Ito rendit un signalé service à son pays en trouvant une audacieuse solution pour sortir de cette situation difficile. Ito convoqua chez lui, en toute urgence, quelques chefs révolutionnaires les plus notables, entre autres Kim Ockun, Bac Yunghio, Seu Kwang-Bum, Seu Jepile et enfin Bac Sontcho.

Bien entendu, il ne leur montra point qu'il était au courant de la conspiration. D'abord il les prévint très gravement d'un Péril Blanc qui devait réduire la race jaune à l'état d'esclave. Puis il leur exposa habilement comment les Blancs entendaient dominer le monde et comment ils avaient déjà avalé, entre autres, les Indes et l'Indochine, et comment ils avaient sauvagement extorqué à la Chine une immense concession. Il leur persuada qu'après la Chine ce serait le tour de la Corée et du Japon. En face de ces redoutables ennemis, les Jaunes devaient collaborer étroitement sous un même drapeau et s'entr'aider surtout pour préparer la défense mutuelle.

— Il faut donc que la Corée soit forte, capable de se défendre elle-même, que les Coréens comprennent enfin la nécessité de se réveiller et de s'instruire, prennent une part active à cette tâche vitale.

Pour tout cela, il leur préconisa longuement la nécessité d'une profonde réforme en Corée pour organiser une Corée nouvelle, indépendante et souveraine.

— Vous savez, prêcha-t-il, combien nous, les Japonais, qui avons déjà trop de tâches à remplir, serons heureux, après nous en être assurés, de nous alléger de cette charge de défendre la Corée contre la barbarie européenne.

Le cercle militaire japonais, qui n'a jamais voulu croire au réveil de la conscience nationale de la Corée, continua-t-il, veut toujours son annexion au Japon. Mais rappelez-vous mon énergique *veto* à ce projet stupide. Stupide, car pourquoi provoquer votre éternelle haine, alors que nous avons besoin plus que jamais de l'amitié de ceux de notre race? Et puis quoi, on ne bafoue tout de même pas plus de quarante siècles de la noble histoire d'un pays, qui a été autrefois votre bienfaiteur. J'avais foi en la jeunesse coréenne, je prévoyais déjà une Corée moderne et laborieuse surgie en un jour prochain que j'ai tant souhaité. Enfin impatient de voir paraître cette Corée idéale, j'avais eu plusieurs fois l'intention de vous lancer un appel pressant en ce sens et de vous aider de mon mieux, mais le militarisme qui détenait et qui détient encore le pouvoir chez nous m'en a toujours empêché. Je n'attendais plus qu'une occasion pour entrer en relation avec vous. Cette occasion, la voici! Aujourd'hui, les militaires sont tous sur les champs de bataille. Ils n'auront pas le loisir de regarder ce que vous faites chez vous. Montrez donc à ces militaires trop orgueilleux que vous aussi, les Coréens, vous êtes capables de tout, et qu'il ne faut pas vous prendre impunément pour des imbéciles.

La guerre russo-japonaise, continua l'infatigable orateur, est pour la Corée une occasion sans égale de se rétablir. Je vous propose donc de la saisir et promptement. Ecoutez ou non mon conseil, c'est votre affaire, mais vous devez songer que l'avenir de la Corée en dépend...

Les Coréens, qui l'écoutaient depuis deux heures avec un air visiblement ironique, avaient assez de ces bouffonneries grossières.

— D'accord, l'interrompit brusquement l'un d'eux, mais pour tout cela il faut que le pouvoir soit entre nos mains !

— Mais mille fois oui. Vous le prendrez avec mon appui.

A ces mots, les révolutionnaires furent stupéfaits et se regardèrent entre eux tout interloqués. Ils ne s'attendaient pas à cela de la bouche d'Ito lui-même. Un silence profond régna dans la salle pendant quelques minutes. Enfin Bac Sontcho rompit le silence d'une voix mal assurée et dit :

— Il s'agit ici de la vie d'un pays dont nous avons cru et croyons encore voir en vous un ennemi irréductible. Nous ne pouvons donc pas vous répondre à la légère, malgré le parfait accord entre tout ce que vous dites et nos idées. Laissez-nous donc examiner la chose dans une atmosphère plus libre et nous reviendrons vous trouver d'ici vingt-quatre heures.

— Vous avez raison, s'empressa-t-il de répondre. Je suis sûr que vous reviendrez ici même beaucoup plus tôt que vous ne le croyez pour me serrer la main.

Puis ils se séparèrent.

Quelques heures après, dans un appartement de l'un des chefs du Tong-Hac-Tang, étaient réunis les principaux leaders des deux partis désormais alliés. La déclaration d'Ito que leur répétait Seu Kwang-Bum fut accueillie d'abord par des huées, des injures et des menaces, puis une discussion orageuse s'ensuivit. Tout le monde, sans aucune exception, était convaincu qu'Ito cachait un noir dessein derrière sa bonne mine. Et pourtant tout le monde était d'accord pour approuver le projet d'Ito. Mais était-il sincère? Voilà la question. Tout le monde répondait négativement. Cependant, Kim Ockun prit la parole :

—— Eh bien, oui, cet homme cache son jeu. Il y a sûrement un plan secret d'une importance capitale, quand il nous a répondu : « Oui, vous aurez le pouvoir « avec mon appui. » A-t-il donc été mis au courant de notre organisation, comme pense notre ami Bac Sontcho? Et une force suffisante pour l'étouffer lui ayant fait défaut, a-t-il voulu éviter de créer une situation très grave, surtout dans un moment pareil, en nous cédant « momentanément » le pouvoir? Eh bien, toute hypothèse me semble possible. Mais alors, en cas de refus de notre part qu'arriverat-il? et que ferons-nous? Ito, qui a sûrement un noir dessein dirigé contre l'intérêt de notre chère patrie, cherchera ailleurs les moyens d'arriver à ses fins. Quant à nous, advienne que pourra, nous allons mettre à exécution notre programme. Est-ce votre idée ou non? Si oui, je vous demande par quoi nous avons décidé de commencer. Je suppose que nous avons été tous d'accord pour penser qu'il faudrait avant tout nous emparer du pouvoir, sans lequel rien ne nous serait possible. Dans ces conditions, je vous propose de profiter de l'occasion et de déjouer le dessein d'Ito. Acceptons sa proposition et prenons le pouvoir. Quant au reste, nous verrons bien après. Cependant, comme nous devons nous méfier de tout et nous attendre à tout, il faut que nous soyons toujours prêts à répondre à temps au premier signal.

On l'écouta avec beaucoup d'attention, et on décida enfin, après quelques échanges de vue, de suivre le conseil de

Kim Ockun. On était sur le point de se rendre chez Ito pour lui annoncer l'acceptation, quand tout à coup Bac Sontcho retint ses amis pour leur donner ses derniers avis. Toujours très prévoyant et prudent, il leur annonça, contrairement à ce qui avait été convenu, qu'il ne serait pas le président du Conseil des ministres. Etant donné les circonstances imprévues, il estimait, en restant en dehors de la combinaison ministérielle, qu'il travaillerait mieux. Malgré quelques protestations et les regrets formulés par ses amis, il leur fit approuver ses arguments. Kim Ockun ayant accepté la présidence, on se rendit sur-le-champ chez Ito.

Ito, qui était un diplomate prodigieusement habile et qui connaissait parfaitement l'âme coréenne, venait d'offrir aux Coréens, qui avaient eu héréditairement l'horreur de la guerre, le moyen de s'emparer du pouvoir sans sacrifice de vies humaines auquel ils s'étaient décidés à recourir. Il savait donc qu'ils reviendraient. Cependant il n'était pas sans s'inquiéter de la situation générale.

L'exaspération des Coréens provoquée par l'ingérence des étrangers sur leur territoire et rendue impuissante jusqu'à présent par les baïonnettes japonaises, se ranimait maintenant à vue d'œil. Il lui semblait que le moindre choc pourrait provoquer une révolte coréenne.

Cependant, il y avait autre chose qui lui inspirait beaucoup plus de crainte, c'était la guerre russo-japonaise. Doutait-il de la victoire? Non, il était absolument sûr que le Japon en sortirait victorieux, mais il ne savait pas quand. Surtout il craignait que la guerre ne traînât trop longtemps et qu'elle ne se terminât pas dans les deux mois. Car s'il avait décidé de laisser les Coréens gouverner à leur guise, essayant seulement de faire traîner les choses aussi longtemps que possible, c'est qu'il prévoyait à peu près la fin de la guerre avant deux mois, ce qui lui permettrait de revenir facilement à la situation normale. Mais si par malheur la guerre se prolongeait au delà de deux mois, c'est-à-dire le temps nécessaire aux Coréens pour bouleverser l'administration actuelle et réaliser certaines réformes sans qu'Ito ait pu les en empêcher, ce serait non seulement mettre en danger le sort des Japonais en Corée mais encore compromettre le rétablissement de la situation normale, même après la victoire. Cependant, il ne pouvait pas faire autrement, car tout serait préférable à laisser éclater une redoutable révolution où le Japon trouverait à coup sûr une sanglante défaite. Il était plongé dans un flot de pensées, qui lui rongeaient les nerfs, lorsqu'on lui annonça l'arrivée de Kim Ockun. Alors, sursautant de son fauteuil, il fit un tour de force sur lui-même pour ne pas montrer ses inquiétudes.

Kim Ockun ayant fait son apparition

dans la salle, il lui serra cordialement la main en criant :

— Et alors?...

— Et alors, nous acceptons sans aucune réserve, lui répondit-il d'un ton ferme. Qu'avez-vous maintenant à nous proposer pour chasser du pouvoir vos créatures?

— Eh bien, rien ne sera plus simple. Envoyez-leur un ultimatum en des termes énergiques. De mon côté, je leur notifierai tout à l'heure que désormais mon appui ne leur sera pas acquis. Cela suffira pour qu'ils vous cèdent les places sans vous faire attendre. Ceci dit, il ne vous reste plus qu'à vous mettre tous au travail pour cette Corée idéale que nous avons rêvée depuis si longtemps. Mais retenez surtout ceci : aller vite, cela ne signifie rien, il faut aller lentement, mais d'un pas sûr et ferme. Quant à moi, je resterai en retraite, observant strictement la neutralité. Je me bornerai à vous dire mon avis, si vous me le demandez. Comprenez!

Je ne peux pas prendre ouvertement une part active dans votre œuvre...

Kim Ockun était trop impatient pour écouter des discours.

— Alors, donnez-moi de quoi écrire, lui dit-il.

Et aussitôt il prit, sans se gêner, quelques feuilles et enveloppes sans que Ito ait pu avoir le temps de les lui passer. Sous les regards presque intimidés d'Ito, Kim Ockun se mit à écrire rapidement sur une grande feuille blanche quelques mots très simples en gros caractères. Après les avoir relus, il apposa sa signature.

Voici d'ailleurs le texte :

A Li Wan-Long,

Au nom du peuple coréen tout entier, je vous somme de vous retirer du pouvoir avec tous vos hommes. Je vous donne douze heures pour me répondre.

(Signé) : KIM OCKUN.

Cette fois-ci, Ito était visiblement intimidé par les gestes à la fois vifs et volontaires de Kim Ockun. Cependant il lui fit remarquer qu'étant donné l'existence d'un empereur en Córée, qu'il fallait respecter, la phrase : *Au nom du peuple coréen tout entier* n'était pas très convenable. Kim Ockun lui répondit sèchement qu'il n'agissait point au nom de l'empereur mais au nom du peuple coréen. Tout en scandant ces mots, il cacheta l'enveloppe. Il chargea de la lettre un de ses amis qui l'accompagnait, afin de la remettre sans délai à son destinataire. Ito, dominant son émotion et sa colère en face d'un homme intrépidement volontaire, essaya de le retenir encore quelques instants, mais Kim Ockun, se levant brusquement, lui tendit la main. Puis il sortit sans dire mot.

On sait que, depuis une quarantaine d'années, le Japon, profitant de la faiblesse de la Corée, l'avait occupée militairement sous prétexte de protéger d'abord sa légation à Séoul puis ses nationaux en Corée et enfin la Corée elle-même, bien qu'elle n'en eût pas besoin. Dès ce moment, les canons japonais prétendirent imposer à la Corée la volonté du Mikado.

L'empereur de la Corée n'était pas disposé à obéir au Japon. Celui-ci le déposa alors par la force et le remplaça par son fils, infirme, idiot, absolument incapable juridiquement et politiquement de représenter tout un peuple. Le gouvernement ayant démissionné par suite de la destitution de l'Empereur, les Japonais donnèrent le pouvoir imaginaire à leurs créatures — imaginaire, car le pouvoir réel était entre les mains du Japon. C'est ainsi que Li Wan-Long, le valet japonais, forma le gouvernement. Depuis lors, l'Empereur et les ministres n'étaient que des pantins dont les ficelles étaient tenues par Ito.

Qu'est-ce que ce Li-Wan-Long, que les

Coréens ne nomment jamais sans une épithète péjorative?

Les Japonais, qui cherchaient depuis longtemps un « homme » coréen, trouvèrent enfin, en la personne de ce Li Wan-Long, alors groom de la présidence du Conseil de la Corée, « l'homme qu'il faut ». Il était en effet tout indiqué pour jouer le rôle que lui réservait les Japonais : d'abord par sa fonction de groom à la présidence du Conseil, ensuite et surtout par son amour de la fortune pour laquelle il était capable de tout, par sa bassesse et sa crédulité, enfin par son ambition chimérique elle-même.

Les Japonais, psychologues et rusés, après avoir longtemps observé tous ces caractères particuliers de Li Wan-Long, décidèrent de lui proposer une grave affaire, car ils étaient absolument sûrs de réussir, grâce à beaucoup d'argent et à de belles promesses. Li Wan-Long reçut donc une nuit chez lui la visite d'un Japonais. Celui-ci lui tendit, sans aucune explication, une énorme bourse et une lettre. Li Wan-Long, après l'avoir lue et relue, regarda tout rêveur le visiteur imprévu, qui lui dit tout bas à l'oreille :

— Ce n'est pas tout. Il y a encore mieux que ça. Vous me suivez, n'est-ce pas?

Mais comme Li Wan-Long persistait dans son attitude rêveuse, il l'entraîna vers la porte par le bras; puis ils sortirent ensemble.

Quand Li Wan-Long fit son entrée dans une salle du consulat du Japon, accompagné toujours de son visiteur nocturne, quelques Japonais le reçurent très cordialement. Et aussitôt on s'engagea dans une conversation amicale.

Pendant près d'une heure, trois ou quatre Japonais prirent tour à tour la parole, tandis que Li Wan-Long ne faisait qu'écouter d'un air impatient. Les Japonais ayant comblé ce dernier de tout ce qu'il cherchait le plus au monde, à savoir la fortune et la puissance, même au prix de gestes criminels, Li Wan-Long jura enfin de se faire l'espion du Japon. Et il promit même de livrer tous les documents importants. Dès lors il donna la preuve de sa fidélité à sa parole par son activité extraordinaire. Il servit même si bien les Japonais qu'ils le prirent pour un homme de haute intelligence. Aussi lui donnèrent-ils, d'ailleurs en exécution de leur promesse, la présidence du Conseil, fût-elle fantôme, lorsqu'ils se furent emparés du gouvernement de la Corée.

Voilà bien un homme qui a réussi à avoir, avant de mourir, tout ce qu'il désirait au monde. Il ne mourra donc pas de regret! C'est possible, mais ce n'est sûrement pas pour cela qu'il sera heureux, non, je ne le crois pas. Car s'il avait pour se protéger une forêt de baïonnettes derrière lui, il avait aussi contre lui la haine de vingt millions d'âmes coréennes.

Figurez-vous donc quel coup de foudre cela fut pour lui, quand il reçut presque simultanément l'ultimatum de Kim Ockun et la notification d'Ito. Pris de peur, il fut l'objet d'une terrible hallucination. Il voyait déjà avancer vers lui un flot de foule, les armes à la main. Il voyait déjà l'échafaud tout dressé qui n'attendait plus que son arrivée! Il croyait entendre s'élever de partout des cris de menace. Bref, il se croyait perdu, quand il se décida à aller implorer protection au consulat du Japon.

La nouvelle de la prise du pouvoir par Kim Ockun souleva partout en Corée un enthousiasme tel qu'on pleurait de joie. D'imposantes manifestations de sympathie eurent lieu pour le nouveau gouvernement, exhortant la population au patriotisme; beaucoup voulaient sacrifier spontanément une bonne partie de leur fortune pour venir en aide au pays.

Le gouvernement, de son côté, ne perdait point de temps. Dès son arrivée au pouvoir, il déploya tout son effort pour réaliser deux réformes capitales, celles de l'Instruction Publique et de la Défense Nationale.

Les difficultés, on les avait toutes prévues, mais jamais de pareilles. Malgré les innombrables offres de services volontaires et les sacrifices spontanés de la classe riche, les difficultés financières restaient quasi insurmontables. C'est ce qui explique d'ailleurs la lenteur des affaires qui mettait les dirigeants parfois au désespoir. Et pourtant tout marchait à merveille.

Les Japonais, effrayés d'abord par les manifestations de sympathie un peu trop vives en l'honneur du nouveau gouvernement, et dont la tendance était nettement antijaponaise, s'émerveillèrent ensuite de l'intelligence et de la prudence des jeunes dirigeants dont l'ardeur au travail encourageait leurs compatriotes à les imiter. En un mot, le pays tout entier était au travail avec joie. Les petits écoliers eux-mêmes comprirent que leur devoir envers le pays était de bien obéir à leurs maîtres et à leurs parents.

L'œuvre accomplie par les Coréens en deux mois était immense. A mesure que cette œuvre avançait, la situation des Japonais en Corée devenait insupportable. Et seule la fin de la guerre leur aurait permis de rétablir les choses, avant que les Coréens ne fussent complètement installés. Mais cette date prévue, et surtout souhaitée, pour la fin de la guerre était déjà passée. Cependant la bataille faisait toujours rage dans la Mandchourie. Evidemment, la situation pour le Japon était intolérable. Il croyait déjà tout perdu, même après la victoire sur la Russie.

Les journaux de Tokio, quelque peu légers, accusaient ouvertement Ito d'avoir commis une grave imprudence dont la conséquence entraînerait le Japon dans le malheur. Mais Ito gardait toujours le silence.

Bac Sontcho, qu'on s'en souvienne, après avoir renoncé volontairement à la présidence du Conseil, contribuait silencieusement à l'œuvre gouvernementale. D'ailleurs, les ministres ne faisaient rien sans lui demander son avis.

Il parcourait le pays pour se rendre compte, en personne, des choses, et indiquait aux ministres ce qu'il fallait faire tout de suite.

Quand il sut le dessein d'Ito démasqué par les journaux japonais, Bac Sontcho comprit la nécessité d'une prompte préparation militaire en vue d'une défense éventuelle.

L'inquiétude, cependant, grandissait de plus en plus au Japon. L'opinion publique, excitée par la situation créée, accusait Ito d'avoir trahi la cause du Mikado, quand tout à coup on annonça la cessation des hostilités le 9 juin 1905, c'est-à-dire deux ou trois jours plus tard que la date prévue par Ito. Cependant, le Japon ne pouvait pas retirer son armée

du front avant d'avoir les garanties nécessaires. Au contraire, il renforçait ses posi-
tions sur tous les points stratégiques. Cela
avait pour but d'obliger les Russes à négo-
cier la paix le plus tôt possible. D'autre
part, ayant besoin d'une énergique action
militaire en Corée, le Japon sollicita du
Président Roosevelt sa médiation pour la
paix.

D'ailleurs, ce n'était qu'à Roosevelt
que le Japon pouvait demander cette
médiation. Etant donné les visées de
l'Amérique sur la Chine et ses intérêts
en Extrême-Orient, qui étaient menacés
par les Russes, l'Amérique ne pouvait que
souhaiter la guerre russo-japonaise. Aussi,
après avoir encouragé le Japon à déclarer
la guerre à la Russie, Roosevelt l'aida
dans une large mesure, matériellement et
moralement.

A la cessation des hostilités, les deux
partis belligérants, aussi fatigués l'un
que l'autre, n'aspiraient plus qu'à la
paix. Et pourtant on hésitait à entrer en

négociations pour des raisons diverses, tout en sentant la nécessité de la médiation d'une tierce puissance.

A la sollicitation pressante du Japon, l'Amérique, qui ne demandait pas mieux, se posa comme médiatrice de la paix. Enfin quand le 10 août 1905 cette négociation fut engagée entre la Russie et le Japon, ce dernier s'empressa d'envoyer en Corée d'importantes forces militaires.

D'autre part la marine japonaise donna à tous ses navires de guerre l'ordre de jalonner le littoral coréen, afin d'agir de concert avec l'armée de terre.

Bac Sontcho, qui depuis la proposition d'Ito avait deviné tout le jeu du Japon s'efforça d'organiser la défense nationale. Malheureusement faute d'argent et surtout dans l'impossibilité de se procurer des armes, tous ses efforts restèrent infructueux. Cependant il réussit à constituer une armée de défense sur la frontière sino-coréenne. C'est de cette armée que les Japonais, venant de Moukden, rencontrèrent une résistance féroce. Etant donné la trop grande supériorité numérique des soldats japonais et l'imparfait équipement de l'armée coréenne, cette dernière dut battre en retraite.

Tout en faisant, sur tout leur chemin, un carnage indescriptible, les Japonais s'approchèrent peu à peu de la capitale coréenne, tandis que leurs diplomates cherchaient à avaler la Corée dans la négociation engagée avec la Russie. A mesure que cette négociation s'avançait vers un accord commun, les Japonais retirèrent peu à peu tous leurs soldats de la Mandchourie pour les envoyer en Corée ce qui leur permit de réprimer sauvagement le peuple coréen justement révolté.

Enfin, le 5 septembre 1905, quand on annonça la signature du traité de Portsmouth qui reconnaissait la suzeraineté du Japon sur la Corée, deux membres du gouvernement se suicidèrent plutôt que d'accepter cette humiliation : l'un en se tranchant la gorge, l'autre en se jetant du haut d'un escalier.

La situation devint extrêmement critique; Bac Sontcho prit lui-même la direction du pouvoir, ayant un caractère dictatorial-révolutionnaire. Il était assisté de tous ses amis comme ministres.

Au début de novembre 1905, le marquis Ito, en qualité d'envoyé extraordinaire de l'empereur du Japon, présenta au gouvernement coréen une série de demandes rédigées sous forme de traité. Ces demandes exigeaient de la Corée qu'elle abdiquât son indépendance en tant que nation, et qu'elle livrât aux Japonais le contrôle de son administration intérieure. Bac Sontcho et ses amis ministres furent épouvantés, mais ils maintinrent avec fermeté leur refus d'accéder aux demandes.

Après des heures d'argumentation de la part de l'envoyé japonais pour leur persuader de signer le traité, afin d'assurer la « paix en l'Orient », Bac Sontcho dit :

— L'acceptation de vos propositions signifierait la ruine pour mon pays; c'est pourquoi j'aimerais mieux mourir que d'y céder.

Les ministres, également, à la requête des Japonais, tinrent sur-le-champ un Conseil de Cabinet au palais, en présence de Bac Sontcho. Ce fut dans l'après-midi du 17 novembre 1905. Pendant tout cet après-midi, l'armée japonaise avait organisé un grand déploiement de force militaire autour du palais. Toutes les troupes japonaises de la région défilaient depuis plusieurs jours à travers les rues et les grandes places en face du palais. Les hommes portaient leurs fusils de campagne et étaient armée jusqu'aux dents. Ils firent des marches, des contremarches, des assauts, des attaques simulées, occupèrent les portes, placèrent leurs canons en position, et firent tout ce qu'ils purent pour démontrer aux Coréens qu'ils étaient en mesure d'imposer par la force leurs exigences.

Toute cette mise en scène prenait pour Bac Sontcho et pour ses amis ministres eux-mêmes une signification sinistre et terrible. Ils ne pouvaient oublier la nuit de l'année 1895 où les soldats japonais avaient paradé autour d'un palais, et où les pires spadassins d'entre eux s'étaient frayés un chemin à l'intérieur et avaient assassiné la reine. Le Japon l'avait déjà fait une fois; pourquoi ne recommencerait-il pas? Pas un de ceux qui résistaient à la volonté de Daï-Nippon qui ne vécût l'épée sur sa tête, et qui cent fois, ce jour-là, n'entendît en imagination le fracas des obus japonais.

Ce soir-là, des soldats japonais, baïonnette au canon, entrèrent dans la cour du palais et restèrent près de l'appartement de Bac Sontcho. Peu de temps après, le marquis Ito en personne arriva alors, accompagné du général Haségawa, commandant de l'armée japonaise en Corée. Et une nouvelle attaque fut entreprise contre les ministres. Ito demanda une audience au président Bac Sontcho, qui refusa de la lui accorder, disant qu'il souffrait d'un grand mal de gorge. Ito pénétra alors jusqu'auprès de Bac Sontcho, qui était en conférence avec ses amis ministres, et lui réclama une audience personnelle.

— Conférez avec moi et tranchons le débat! Entendez-vous avec nous et soyez riches, cria le cynique Ito, ou bien résistez et vous périrez.

Une nouvelle conférence fut ouverte. La présence des soldats, les éclairs des baïonnettes au dehors, les commandements brefs qu'on entendait à travers les fenêtres du palais n'étaient pas sans effet. Bac Sontcho et ses amis ministres avaient lutté plusieurs jours. Ils avaient lutté seuls.

Aucun représentant étranger ne leur avait offert aide ou conseil. Ils ne voyaient en face d'eux que soumission ou destruction. Aux premières heures du matin, on pressa le ministre des Affaires étrangères de livrer le sceau d'Etat, afin de signer un traité. Mais le Garde du Sceau, ayant reçu de Bac Sontcho l'ordre de ne livrer le sceau sous aucun prétexte, refusa de l'apporter. Il fallut que les Japonais envoyassent des messagers spéciaux pour le lui arracher par la force.

On voyait bien que tout était fini. Bac Sontcho, exaspéré, cria en sanglotant à l'adresse de ses amis:

— Est-ce la peine, pour aucun d'entre nous, de vivre plus longtemps? Nos hommes sont devenus les esclaves d'autres hommes, et l'esprit d'une nation qui fut indépendante pendant plus de quatre mille ans, depuis les jours de Tan-Kun et de Ki-Ja, a péri en une seule nuit. Hélas! O mes compatriotes, hélas!

Les Japonais, après avoir eu vite raison, grâce à leurs baïonnettes, de la révolution coréenne, crurent nécessaire de faire une horrible démonstration aux yeux des Coréens. Ainsi, ils massacrèrent en masse tous ceux qui avaient pris une part active à la révolution. Quelques membres du Gouvernement, ayant pu échapper à la mort, s'enfuirent à l'étranger; malheureusement, l'un des plus illustres chefs, le président Kim Ockun, poursuivi jusqu'en Chine, fut assassiné à Shang-Haï.

Cependant, n'ayant pu rassasier leur colère, les Japonais réclamèrent avidement le sang de Bac Sontcho, l'âme incontestée de la révolution coréenne. Malgré les recherches qu'ils entreprirent à travers toute la Corée et malgré qu'ils eussent mis sa tête à prix, celui-ci resta introuvable. Pourtant les Japonais tenaient absolument à suivre ses traces, comprenant bien la prodigieuse intelligence et l'intrépide volonté de Bac Sontcho. Ils craignaient que quelques nouveaux soulèvements ne se préparassent dans quelque lieu. Aussi redoublèrent-ils leur vigilance, aussi bien dans le pays qu'à l'étranger. Qu'était-il donc devenu? Avait-il trouvé la mort lors du massacre coréen? C'est ce qu'on croyait généralement. Ou alors avait-il pu s'enfuir à l'étranger? comme on le souhaitait ardemment en Corée.

Bac Sontcho n'était point mort. Voici ce qui se passa : Dès le début de l'événement, il avait compris, d'ailleurs comme tous ses amis, qu'étant donnée la victoire prématurée du Japon sur la Russie, les affaires iraient très mal. Lorsqu'on annonça la brutale nouvelle que l'armée coréenne de la frontière venait de subir une défaite sanglante et que l'armée japonaise, laissant sur tout son passage un affreux carnage, forçait la marche vers la capitale coréenne, Bac Sontcho était en conférence avec ses amis à Séoul, capitale de la Corée. Cette conférence avait d'ailleurs pour objet de déterminer l'attitude du Gouvernement.

Ils savaient bien que la mort les attendait. Les uns prétendaient recevoir dignement le trépas à leur poste et le garder jusqu'au dernier moment. D'autres, au contraire, tout en trouvant qu'agir jusqu'au dernier moment était évidemment une chose nécessaire, prétendaient que chacun, au dernier moment, doit faire tout son possible pour épargner sa vie, afin de continuer l'œuvre, même à l'étranger. Après une courte mais vive discussion, on sortit de la salle de conférence.

Déjà la détonation et la fumée des canons dominaient le ciel, et les projectiles meurtriers pleuvaient partout sur la ville. Depuis ce jour, Bac Sont-cho n'avait pas revu ses amis. Quant à lui, se voyant comme un poisson pris dans un filet, il se résignait à la mort. Cependant il ne voulait pas mourir sans avoir tout risqué. Aussi, après s'être habillé en soldat japonais, il chercha à sortir de la ville. Malheureusement, un projectile le frappa juste au moment où il voulait franchir la porte de la fortification. Il tomba donc sans connaissance.

Au milieu d'un beau matin, Bac Sont-cho se réveilla. Quel fut son étonnement lorsqu'il se trouva dans un lit confortable.

En vain il s'efforça de se rappeler les événements. Cependant, l'aspect du baraquement — car c'en était un — lui laissait à réfléchir. Un baraquement sans doute construit en toute hâte, mais très coquettement arrangé de telle sorte qu'on avait l'impression d'être dans un petit jardin ensoleillé. Ce n'est qu'en voulant jeter un regard autour de lui qu'il sentit une cruelle douleur aux cuisses et qu'il constata qu'elles étaient toutes bandées.

Pourtant il parvint à s'apercevoir qu'une vingtaine de lits disposés parallèlement le long de deux côtés de la salle étaient tous occupés par des blessés et que trois infirmiers coiffés de casques militaires japonais se promenaient silencieusement au milieu de la salle.

Son voisin de droite, un gros bonhomme blessé sans doute au bras, ronflait bruyamment dans un sommeil profond et au-dessus de sa tête il y avait une carte collée au mur où on pouvait lire ceci:

Nom : Hiroshima Kinjiro.
Numéro matricule : n° 48.
Division : 41° régiment II.
Date d'entrée : 8-9-1905.

Il constata en même temps que tous les blessés avaient au-dessus de leurs têtes des cartes identiques. A ce moment, un frisson passa sur son front. Encore tout tremblotant, il regarda au-dessus de sa tête pour voir s'il en avait une lui aussi. Sauf erreur, il a trouvé la sienne où il a pu lire ceci :

Nom : O' Mori Akida.
Numéro matricule : n° 175.
Division : 41° régiment II.
Date d'entrée : 8-9-1905.

Il était tout trempé de sueur quand il eut fini de la relire pour la troisième fois. En vain pendant des heures il chercha à comprendre ce que pouvait signifier cette inscription. Impatient et nerveux, il regarda de nouveau sa carte, dont il relut pour la millième fois le texte énigmatique. Soudain le numéro matricule « 175 » éclaira l'horizon de sa pensée. En effet, quand il s'était procuré tout à fait par hasard un uniforme militaire d'un cadavre de soldat japonais tombé dans un fossé, il avait remarqué sur le col le numéro matricule, les chiffres « 175 ». Cette « lumière » l'ayant éclairé, il se voyait, cette fois, non pas pris dans le filet japonais mais accroché à l'hameçon. Cependant, tant qu'il aurait la vie il ne se laisserait pas mourir sans tout tenter.

Mais que faire pour se décrocher de cet hameçon? Comment quitter cette baraque trop sévèrement gardée? L'état de sa blessure lui permettra-t-il de tenter quelque risque?...

Voilà dans quelle hésitation il était noyé lorsqu'un infirmier s'approcha de lui et dit:

— Qu'avez-vous donc pour être si

agité? Est-ce le pansement qui vous fait mal ? Mais, mon ami, restez tranquille, vous êtes le plus heureux de tous; vous n'avez qu'une simple égratignure à côté de tous ceux qui sont ici. Vous rejoindrez votre poste d'ici deux jours. Allons, soyons sérieux!

Il dit tout cela d'un ton à la fois tout à fait amical et grondeur. Mais Bac Sontcho, les yeux fermés, faisait semblant de ne rien entendre. Et pourtant, il aurait bien voulu lui demander à boire; mais il n'osa pas, de peur de divulguer son secret, car, bien qu'il comprît assez bien la langue japonaise, il s'exprimait très mal.

Quand l'infirmier se fut éloigné, il se replongea dans sa méditation tout en se demandant d'abord dans quel coin de campagne pouvait se trouver ce baraquement, car c'était bien quelque campagne, étant donné la tranquillité et la fraîcheur de l'air mêlée au parfum des herbes sauvages.

Il voulait donc à tout prix savoir quelle était cette campagne inconnue. Aussi, avec toutes les peines du monde, il parvint à regarder par la fenêtre les alentours de la baraque. Et il reconnut enfin le pays. C'était la pittoresque vallée de Sondo dans le département de Kunki, située à une centaine de kilomètres au nord de Séoul. Il la connaissait parfaitement pour y avoir passé plusieurs fois.

Que faire maintenant pour sortir de cette situation? Rester dans cette baraque ne ferait que hâter son trépas. Il voyait bien l'impossibilité de garder longtemps son secret, et même dans quelques instants l'irréparable pouvait se produire. Il ne lui restait qu'une seule issue: s'enfuir le plus tôt possible.

La journée s'écoula sans qu'il y eût rien de changé. Déjà la nuit était bien avancée. Tout le monde dormait, et les infirmiers eux-mêmes, assis sur des chaises, ronflaient d'un sommeil profond. Seul Bac Sontcho, rongé par l'incertitude de sa situation, ne pouvait pas s'endormir. Il attendait dans cette nuit décisive un moment opportun pour tenter son ultime projet. Et ce moment opportun il le crut arrivé, car, sous l'empire du sommeil, on ronflait éperdument autour de lui. Il allait donc le saisir, mais un obstacle imprévu surgit tout à coup : deux sentinelles faisaient continuellement le tour du baraquement en sens contraire. Et toutes les cinq minutes elles se rencontraient auprès d'un poteau téléphonique à côté de la porte d'entrée.

Les fenêtres n'étaient pas bien hautes, il pourrait facilement en sortir, à défaut de la porte. Mais pouvait-il échapper à la vue des sentinelles? Autrement dit, pouvait-il, lui blessé, exécuter un saut et quelques cents mètres, tout cela sans aucun bruit, en moins de deux ou trois minutes? C'est ce qu'il allait essayer... Il savait qu'en échouant il ne perdait absolument rien...

Comment expliquer la réussite de sa

tentative? Il ne le savait pas lui-même. Il croyait toujours qu'elle avait été due à un miracle. Après avoir marché à quatre pattes, car il ne pouvait pas se tenir debout, pendant plus de trois heures, à travers les plus dures forêts, il arriva enfin dans le village de Kaisung où il avait un ancien ami d'école. C'était vers cinq heures du matin. On ne rencontrait guère dans les rues que quelques paysans se rendant aux champs ou quelques bergers conduisant leur bétail dans les prairies. L'étrange présence matinale d'un misérable Japonais vêtu d'un simple kimono sans manche ni ceinture intrigua les paysans.

Les uns prétendaient que c'était un espion japonais venu en reconnaissance pour s'emparer des biens des paysans, comme ils avaient l'habitude de faire. D'autres prétendaient que c'était un de ces soldats japonais, blessés de la guerre, qui venaient souvent mendier à la campagne. Etant donné l'état pitoyable de l'homme, cette dernière hypothèse semblait vraisemblable. Pendant qu'on discutait ainsi, le mystérieux homme disparut tout à coup au seuil d'une maison.

Arrivé chez son ami, Bac Sontcho demanda d'abord à le voir. Mais le domestique, à la fois effrayé et furieux de voir ce misérable entré à l'improviste, s'apprêta à lui répondre par un coup de bâton. Indiqué par le geste brutal du domestique, Bac lui ordonna d'abord de quitter le bâton, puis lui dit :

— Il n'est pas de coutume dans la Corée de maltraiter les hôtes qui sont traditionnellement sacrés. Même si j'étais un Japonais, vous ne devez pas me répondre à coup de bâton, car nous n'avons pas le droit d'attaquer les ennemis sans défense. C'est pour votre maître, pour lui rendre un grand service, que je demande à le voir. Allez donc vite lui annoncer que quelqu'un voudrait lui parler sans délai.

A peine eut-il terminé son ordre qu'il aperçut son ami qui le regardait de loin d'un air méfiant. Puis en s'approchant de lui :

— Je ne vous connais point, dit-il d'un ton sec. Qui êtes-vous et que voulez-vous de moi?

L'homme lui répondit à l'oreille qu'il était Bac Sontcho. Alors, le reconnaissant tout de suite, tout confus, il s'empressa de le conduire dans l'intérieur.

Pendant plus de deux mois, malgré toutes les commodités qui lui étaient renouvelées quotidiennement, il dut souffrir de cette existence cachée.

Enfin, grâce aux mille soins attentifs de son ami, la santé de Bac Sontcho fut rétablie complètement. A partir de ce jour, comme un oiseau en cage, il fut repris par le désir irrésistible de la liberté et de l'action.

En faisant tout son possible pour le retenir encore quelque temps, son ami lui fit comprendre que d'innombrables détectives sillonnaient le pays en tous sens et que les gardes faisaient la chaîne sur toutes les frontières. Mais ne voulant rien écouter, il prépara en toute hâte son départ.

Après s'être déguisé en un vieux mercier ambulant, comme il y en avait dans le pays, il gagna, en deux mois, tout en marchant d'un village à l'autre, la frontière du nord-est, où la vie était extrêmement curieuse, par le fait même que la Corée touche là en même temps à la Chine et au seul point du territoire russe Wladiwostock. La vigilance des gardes japonais était, bien entendu, extrême. Mais l'affluence cosmopolite de la ville et l'intensité d'échanges du commerce international pourraient lui faciliter une existence clandestine. Il en profita pour organiser sa seconde évasion. D'abord, Bao Sontcho acheta à prix d'or des haillons d'un coolie chinois, dont il s'habilla quand la nuit fut venue. Puis, après avoir jeté son panier de mercier sous un pont, il se dirigea tout droit vers la barrière de la frontière, là même où les innombrables coolies porteurs chinois attendaient tous les jours les marchandises à transporter.

Le matin arriva sans que Bac Sontcho eût pu dormir un peu sous quelque devanture de boutique. Déjà les coolies interpellaient poliment les voyageurs pour se charger de leurs bagages ou de leurs marchandises. Bac Sontcho fit naturellement de même pour pouvoir passer le plus tôt possible la frontière. Tout à coup, un gros bonhomme, élégamment habillé à l'européenne, l'appela par un « Eh! » à la fois bruyant et hautain. Il s'en approcha donc. Celui-ci lui confia sa valise en lui faisant signe d'aller vers la terre chinoise. Mais à peine eut-il pris la valise qu'il reconnut un Japonais! Il marchait néanmoins devant le bonhomme, ne sortant de sa torpeur que lorsqu'un douanier lui cria à la frontière :

— Hep!... là-bas! Où vas-tu donc comme cela? Ne connais-tu donc pas les règles? Serais-tu un bleu? Mais qu'est-ce que c'est que ces façons-là? Veux-tu qu'on te prive de papiers?...

Et déjà les flot d'injures s'abattaient sur lui, lorsque le voyageur, arrivant à son tour devant le bureau de la douane, dit avec un sourire ironique au douanier irrité :

— Oh! les pauvres coolies chinois! Ils sont tous si bêtes! Soyez indulgent, cher monsieur, pour ce pauvre ignorant. Heureusement que nous savons que les coolies chinois ne valent pas mieux que les bêtes de somme.

En se tournant vers le coolie :

— Viens par ici et pose la valise sur la table!

Et déjà le gros bonhomme était sur le point d'ouvrir sa valise lorsque le douanier, ou plus exactement le soldat japonais garde-frontière, lui demanda courtoisement s'il avait quelque chose à déclarer. Sur sa réponse négative, le douanier lui dit toujours très poliment qu'il pouvait partir. Le coolie remit la valise sur son dos, quitta le bureau de la douane et suivit le bonhomme. Il arriva enfin dans une ville chinoise où le voyageur le quitta. Il se sentit sortir de l'enfer et il pouvait enfin respirer, pour la première fois depuis cinq mois, à pleins poumons. Cependant il n'était rassuré qu'à demi, car l'influence japonaise en Mandchourie était déjà telle qu'on y trouvait partout des Japonais.

Son but était de gagner le plus tôt possible Pékin où il avait de hautes relations et où il serait sûrement à l'abri et hors de tout danger. Il se proposa donc de l'atteindre par petites étapes. Pendant quatre mois que dura son trajet jusqu'à Pékin, la plupart du temps à pied, quelles misères n'a-t-il pas goûtées et quels périls n'a-t-il pas encore risqués? Si la vie humaine est dure, l'homme est encore plus résistant. La preuve en est que Bac Sontcho lui-même put enfin atteindre Pékin. Là il fut reçu avec enthousiasme par ses jeunes amis chinois, qui eux-mêmes projetaient à ce moment-là une vaste organisation révolutionnaire.

Les journaux de la capitale chinoise ne parlaient qu'avec sympathie, bien entendu, depuis près d'un an, des événements coréens. Maintenant, tous les journaux se demandaient avec inquiétude si Bac Sontcho était vivant ou mort. Mille suppositions logiques aboutissaient à la constatation de sa mort. Et même certains journaux avisés publièrent la photographie encadrée de noir de Bac Sontcho, suivie de sa biographie remplie d'éloges d'ailleurs bien mérités. Cependant son arrivée à Pékin était tenue secrète et la chose en resta là.

Bien qu'il fût maintenant hors de tout danger, Bac Sontcho n'était pas de ceux qui peuvent souffrir l'inaction. La liberté d'agir est l'essence même de sa vie. Il lui fallait absolument cette liberté, sans quoi la vie ne lui était plus possible. Pour cette raison et mille autres encore, il décida de se faire naturaliser Chinois, ce qui lui fut d'ailleurs facilement accordé, grâce à ses hautes relations dans le monde politique.

On ne savait pas quel était son projet, mais une chose était déjà certaine, c'est qu'il ne devait pas longtemps rester inactif.

DEUXIÈME PARTIE

Bac Sontcho avait encore sa mère et son père. Depuis le début des événements, ils s'étaient retirés dans un village isolé, Liang-San, où ils avaient une propriété qui leur venait d'un héritage paternel. Là, Bac Sontcho avait passé une grande partie de son enfance sous la surveillance caressante de sa grand'mère qu'il aimait beaucoup.

Ce village sympathique, plein de souvenirs, cette grand'mère adorable au regard sévère, il ne les avait pas revus depuis si longtemps! Qui sait, peut-être il ne les reverrait plus jamais?

Bac Sontcho, dont l'âme était bercée

parfois par une mélancolie nostalgique, se plaisait à réveiller les souvenirs de ses vingt-sept printemps dont il goûtait à la fois la douceur et les peines. Il se plaisait tout particulièrement à se remémorer ce village inoubliable et cette grand'mère protectrice, en ces jours d'exil et au seuil d'une nouvelle lutte infiniment plus terrible que jamais, à laquelle il se proposait de sacrifier sa personne corps et âme.

Parfois il voyait nettement en rêve ce village sympathique faisant face à une immense plaine, au pied d'une montagne boisée de sapins séculaires, et cette vieille dame au grand cœur qui est sa grand'mère. C'était un petit village du département de Kiung-Sang — le département le plus au sud du pays. La fertilité de son sol lui a valu ce surnom bien mérité de « Grenier ».

En imagination, Bac Sontcho remontait le cours du temps.

Il n'était pas grand, le village de Liang-

San. Il avait à peine un millier d'habitants avec ses groupes de chaumières dispersées, çà et là, comme des champignons. Une seule maison, bâtie dans un coin un peu isolé, avait un toit en pagode couvert d'ardoises. C'était l'école qui servait aussi de lieu de rendez-vous habituel à tous les vieillards du village. A quelques pas de cette école, derrière un monticule, il y avait une fontaine délicieusement pure, protégée par un vieux saule pleureur. C'était là, matin et soir, au lever et au coucher du soleil, que toutes les jeunes filles du village venaient remplir gracieusement leurs récipients qu'elles portaient adroitement sur la tête. C'était là aussi le seul endroit de leur rencontre quotidienne où elles pouvaient bavarder et s'ébattre gaiement au grand air, déliant leurs langues injustement retenues dans la maison. Car les jeunes filles coréennes n'avaient pas, ou n'avaient presque pas, la liberté de sortir et de parler!

Un nombre considérable de ruelles irrégulières serpentaient tortueusement à travers le petit village.

Il est d'ailleurs très curieux de constater la forme d'une habitation coréenne de la campagne. Elle est généralement formée d'un groupe de plusieurs chaumières qui sont elles-mêmes enfermées dans un clos entouré de murs faisant ainsi un monde indépendant. Et entre deux habitations, on est toujours sûr de trouver au moins une ruelle.

Au milieu de ce tableau représenté par les souvenirs nostalgiques, Bac Sontcho distinguait voluptueusement la maison de sa famille. Il n'avait que six ans quand, pour la première fois, ses parents décidèrent de l'envoyer, accompagné d'un précepteur, à la campagne, chez ses grands-parents — car il avait encore à ce moment-là son grand-père paternel. Il arriva donc un jour, vers midi, avec son précepteur, à Liang-San.

La ferme de ses grands-parents était

située presque au centre du village. La porte d'entrée était une grille en bois. A peine eurent-ils franchi le seuil de cette porte que deux gros chiens aux longs poils se mirent à aboyer furieusement, mais la voix du grand-père suffit à réduire ces toutous malappris au silence complet. Une odeur bien connue de fumier remplissait la ferme composée de cinq grandes chaumières, dont deux bâties à l'entrée et les trois autres au fond de la ferme, entourant ainsi une vaste cour. Et une barrière en planches séparait de cette cour les deux chaumières d'entrée.

Le petit Bac Sontcho se dirigeait déjà vers une grande chaumière du fond, porté presque en triomphe dans les bras de sa grand'mère, tandis que son précepteur, n'ayant pas le privilège d'entrer dans l'intérieur, fut prié de rester dans une pièce de la chaumière d'extérieur. Cela, parce qu'une coutume coréenne ne le lui permettait pas. En effet, vous trouverez généralement, dans une habitation coréenne, deux parties nettement distinctes.

Prenons, par exemple, l'habitation de M. Bac, grand-père : les deux chaumières que nous avons vues séparées de la cour par une barrière, à l'entrée, s'appellent, en coréen, *sa ranc*, ce qui veut dire : le « cottage du mari »; et l'autre côté de cette barrière, y compris la cour et les maisons, s'appelle *naijunc*, ce qui signifie la « cour intérieure », Or une coutume veut que le mari reste dans le *sa ranc*, où il doit travailler, recevoir des visites, entretenir des amis, et qu'il ne se mêle pas aux affaires de la « cour intérieure ». L'épouse, maîtresse de la « cour intérieure », dirige le ménage, élève les enfants, sans avoir à se mêler, bien entendu, aux affaires du *sa ranc*. Tout homme non membre de la famille ne peut entrer dans la « cour intérieure » qu'avec la permission de la maîtresse. Quand un étranger y est admis, il est un familier de la maison ou un proche parent de la maîtresse.

Voilà pourquoi le précepteur du jeune Bac Sontcho n'avait pas le privilège d'entrer dans l'intérieur avec son élève.

Dans les bras de sa grand'mère, le petit Bac Sontcho fut porté jusque devant la chaumière centrale — la plus grande des trois. Cette chaumière se composait de deux pièces, sans compter un tout petit espace sans porte ni mur, en forme d'estrade, ajouté devant la pièce principale. Là il se déchaussa pour entrer dans la chambre — car en Corée on n'entre jamais dans une chambre avec des souliers.

La chambre était grande, propre, claire, les murs tapissés de papiers fraîchement collés, à la blancheur éclatante. Le petit Sontcho en admira longtemps les deux grandes portes qui étaient en bambou et en papier entourées d'un cadre de bois sculpté. Les portes de la chambre de chez son père, en ville, étaient autrement plus solides que celles-ci, avec leurs panneaux inférieurs en plein bois. De rares meubles, d'une simplicité originale, étaient superposés dans un coin. A part quelques coussins dispersés çà et là, il n'y avait absolument rien sur le parquet. Mais ce parquet était dur, poli, glissant comme tous les parquets des chambres coréennes... En un mot, il avait toutes les qualités nécessaires pour ressembler à un bloc de marbre taillé en table, sauf sa tiédeur douce et sa couleur jaune.

En Corée, aucune chambre n'a un parquet de planches, mais un parquet de pierre et d'argile, soutenu par des briques et du ciment, disposés en canaux parallèlement sinueux, de telle sorte qu'on puisse les chauffer au moyen de fumée. Et puis ce qui brille et glisse à la surface est du papier ciré, solidement fixé à la colle de riz. On remarquera que ce parquet de papier ciré est à la fois insalissable et imperméable.

Voilà maintenant le salon de sa grand'-mère où une dizaine de parents étaient réunis pour fêter son arrivée. Soudain une servante vint et pria les personnes de reculer leurs coussins. Alors tout le monde comprit que le déjeuner allait être servi.

En Corée, il n'y a pas de salle à manger particulière. Le salon sert aussi de salle à manger. D'autre part, comme chacun a sa table pour les repas, on doit s'installer autour de la salle, le dos au mur. D'ailleurs, il est considéré comme fort impoli de se placer au milieu de la salle, en quelque lieu que ce soit. Enfin, deux servantes transportèrent devant chacun, et suivant l'ordre d'âge, les tables minuscules chargées de bols et d'assiettes d'une grandeur absolument mignonne. Ces tables, tantôt carrées, tantôt rondes, et le plus souvent en polygone régulier, n'étaient guère plus hautes qu'un pied, ni guère plus larges qu'une quarantaine de centimètres carrés.

Quand tout le monde eut reçu sa petite table, même les enfants, les leurs plus petites encore, on commença à manger. Le petit Sontcho, assis entre sa grand'mère et un jeune oncle de vingt ans, examina d'abord les mets: dans un vase creux rempli de riz cuit à l'eau, une assiette de soupe aux légumes mêlés de viande hachée, deux plats de légumes différents, un plat de viande grillée, un plat de poisson sauté, tout cela bien préparé et coupé en petits morceaux agréables à voir et à manger, et enfin une cuillère et deux baguettes en bambou.

Sontcho ne savait pas encore très bien se servir des baguettes, et sa grand'-mère s'occupait de lui constamment. Une servante assurait le service pendant tout le repas. Elle veillait sur les enfants en attendant les ordres. Dès que quelqu'un avait fini sa soupe, elle enlevait l'assiette et la remplaçait aussitôt par un bol de thé chaud. Et quand elle eut remplacé les assiettes à soupe de toutes les tables, elle sortit pour ne revenir qu'à la fin du repas, qui dura bien une heure.

Le repas terminé, on retira toutes les tables, et la salle reprit son aspect de salon.

Remarquez que ce repas de midi qu'on vient de servir est un repas exceptionnel. En effet, il n'y a en réalité que trois principaux repas, qui sont : *ajic, jum-sim et ju-nuc,* limitant la journée par trois points cardinaux : matin, midi, soir. Le plus important de ces trois repas est celui du matin, qui se place entre huit heures et neuf heures. Puis vient celui du soir. A midi, beaucoup de Coréens se contentent d'un repas froid.

Notez d'ailleurs ce nom significatif du repas du midi : *jum-sim,* qui pourrait se traduire par : « une marque dans l'estomac », c'est-à-dire une très légère collation. Outre ces trois repas réguliers, il y en a encore deux autres qui sont en vigueur chez les travailleurs corporels, surtout les fermiers. Ceux-ci, dès la première lueur du matin, avant de se rendre aux champs, prennent régulièrement un grand bol de soupe

chaude. Et à quatre heures de l'après-midi, une cruche de vin de riz, tandis que les gens aisés de la ville prennent du thé.

Chaque fois que le petit Sontcho voyait son grand-père, presque septuagénaire, il ne pouvait s'empêcher de rire. Et parfois il riait follement, cachant sa tête dans le sein de sa grand'mère, qui en faisait un bonheur. Qu'avait-il donc? Eh bien, son grand-père était chauve, portait un tout petit *santou* presque invisible, sur l'occiput, au lieu d'un gros au sommet central de la tête.

Pour bien vous expliquer ce que c'est qu'un *santou*, il faut que je vous dise un mot sur une tradition du pays.

Autrefois, sauf les bonzes, tout le monde, les femmes comme les hommes, portait les cheveux longs en Corée. Cependant, il y avait deux sortes de coiffures distinctives. Les enfants, les garçons aussi bien que les filles, avaient la natte. Et quand un jeune homme devenait majeur, soit par l'âge fixé à quinze ans, soit par un mariage prématuré (car on pouvait être déclaré majeur avant l'âge, quand on s'était marié, comme la tradition le permettait), la natte devenait un chignon pointu au sommet central de la tête. C'est ce chignon pointu qu'on appelle *santou*.

Quant aux jeunes filles, leurs nattes ne peuvent être changées en une autre forme de coiffure qu'au moment du mariage. Cependant, pour les hommes, cette mode moyenâgeuse des longs cheveux a depuis longtemps disparu. Mais à la campagne, les vieillards, fiers de rester fidèles aux traditions ancestrales, le conservent encore très jalousement.

Pendant tout l'après-midi, on fut gai dans le salon de la grand'mère : grosse dame aux cheveux gris, fort aimable. D'après ce que le petit Sontcho avait pu entendre de ses parents, sa grand'mère était une dame à la fois très aimée et redoutée par les gens de la maison. Elle ne pouvait pas souffrir, croyait-on, qu'on foulât au pied le moindre grain. Aussi la voyait-on souvent courbée jusqu'à terre, ramassant un grain de riz ou de blé. Et toutes les fois qu'elle avait l'occasion d'entrer dans la cuisine, elle disait à ses domestiques :

— Mes enfants, mangez beaucoup et soyez avares !

Le temps passa si vite, qu'on s'en aperçut seulement lorsqu'une servante vint annoncer le dîner, qui fut servi exactement de la même manière que le déjeuner de midi. Peut-être quelques principaux plats étaient-ils changés ?

Le dîner terminé, la grand'mère tenait absolument à ce que son petit-fils allât dormir. Et tout en invitant les autres à s'en aller, elle le conduisit dans une pièce adjacente.

Voilà la chambre à coucher de la grand'mère : c'était une petite pièce avec quelques meubles dans un placard sans portes. Il y avait dans un coin, en face de la porte d'entrée, un gros paquet enveloppé dans un drap gris. Et une lampe à pétrole éclairait faiblement la pièce. A part cela, le style de cette chambre était exactement le même que celui du salon.

La grand'mère défit aussitôt le paquet gris, qui contenait deux grosses couvertures et un long oreiller : l'une épaisse, à la fois longue et étroite, qu'elle étendit par terre ; l'autre moins épaisse, mais large et carrée, dont on se servait pour couvrir le corps. Bientôt le petit Sontcho était couché sous la couverture, à côté de sa grand'mère. Mais il ne dormait pas, il songeait à ses parents de la ville.

Tout à coup, la grand'mère lui demanda :

— Tu ne dors donc pas ?

— Je ne puis pas dormir... je n'en ai pas envie, grand'mère.

— Alors, mon petit, je vais te raconter une historiette... Et ce soir-là, la bonne grand'mère raconta :

Il y avait une fois une très pauvre femme, qui vivait dans un coin isolé de la montagne avec ses trois petits enfants : Dal-Soun, une fillette de six ans; Young-Sou, un petit garçon de quatre ans, et Sun-Liong, un bébé de deux ans. Cette pauvre femme allait travailler tous les jours dans les villages voisins, tantôt comme laveuse, tantôt comme ménagère. Elle gagnait ainsi du riz, des gâteaux et de la viande pour nourrir ses petits enfants. Elle partit donc un jour, comme d'habitude, pour le village de Long-Mac, situé à quelques lieues. Le soir venu, elle rentrait à la maison avec son panier rempli de riz, de bonbons et de viande. Mais elle rencontra, en route, un tigre qui lui demanda :

— D'où venez-vous et où allez-vous ?

— Je viens du village de Long-Mac, où j'ai gagné au prix de mes peines, du riz, des bonbons et des viandes, répondit la pauvre femme, pour nourrir mes petits enfants qui m'attendent à la maison.

— Si vous me donnez votre riz, je

ne vous mangerai pas, dit le tigre.

La pauvre femme continua son chemin, après lui avoir donné le riz. Mais elle rencontra encore un tigre qui lui dit à nouveau :

— D'où venez-vous et où allez-vous?

— Je viens du village de Long-Mac, où j'ai gagné, au prix de mes peines, du riz, des bonbons et de la viande, répondit la pauvre femme, pour nourrir mes petits qui m'attendent à la maison.

— Donnez-moi vos bonbons ou je vous mange!

Elle les lui donna. A peine eut-elle fait quelques pas, qu'un autre tigre lui demanda la viande. Elle donna encore [1]... Puis un autre lui demanda sa jupe, qu'elle donna toujours... De cette façon, la pauvre femme fut dépouillée jusqu'à la

1. Ce conte est une de ces historiettes qu'on raconte en Corée aux enfants, pour les inviter au sommeil. L'héroïne rencontrera autant de tigres qu'elle a sur elle de pièces de vêtement et, parfois même, de membres.

dernière pièce d'étoffe qu'elle portait sur le corps. C'était le même tigre qui revenait toujours, se plaçant sur la route de cette pauvre femme. Après s'être déguisé en paysanne, à la manière de sa victime, grâce aux robes accaparées, il s'en alla chez les enfants de cette dernière. Arrivé devant la porte, il frappa. Les voix aiguës des enfants répondirent :

— Qui est là ? Est-ce maman ?

— Oui, c'est moi ! Ouvrez la porte !

— Mais ce n'est pas la voix de maman, murmurèrent les enfants.

— C'est que je suis enrhumée ! Ouvrez vite la porte !

Après une longue hésitation, Dal-Soun, aînée des trois enfants, alla ouvrir la porte. L'allure suspecte de cette prétendue maman mit la fillette en méfiance. Entrant dans la chambre sans lumière, la prétendue maman s'empara aussitôt de Sung-Liong, le petite bébé qui dormait innocemment enveloppé de chiffons, tandis que la petite Dal-Soun, serrant son petit frère,

Young-Sou, entre ses bras, alla se blottir dans un coin. Ayant entendu « sa mère » croquer quelque chose, le petit garçon demanda :

— Maman, qu'est-ce que tu manges?

— Rien...

A ce moment, Dal-Soun remarqua le bout de la queue du tigre dépassant sous la jupe, et elle vit nettement, à travers l'obscurité, le tigre mangeant le bébé.

— Maman, dit la petite fille d'une voix effrayée. je veux aller au cabinet.

— Il fait trop froid au dehors...

— Il me faut y aller !

— Alors, va et reviens vite !

— Mais j'ai peur d'aller seule ! Young-Sou, accompagne-moi !

— Va seule, je laisserai la porte ouverte.

— Mais, maman, j'ai peur ! Laisse-moi aller avec Young-Sou, insista la petite fille.

Le tigre, trop occupé à croquer le petit

bébé, les laissa sortir. Dehors, la lune était pleine et majestueuse, inondant l'univers de sa lumière argentée, et la fraîcheur de cette fin d'automne rendait blanche la rosée. Les deux enfants, Dal-Soun et Young-Sou, coururent à toute vitesse jusque sous un vieux saule pleureur au bord d'une rivière qui, à quelques pas de chez eux, traversait un champ. Ils grimpèrent aussitôt sur le saule dont ils atteignirent enfin le sommet.

Le tigre, ayant mangé le bébé, attendait en vain les deux enfants. Il sortit à leur recherche. Après avoir fouillé partout, il les aperçut au sommet du vieux saule. Il leur demanda comment ils avaient pu monter jusque-là. La petite fille répondit :

— Va chercher le pot d'huile qui est dans la cuisine, et verse le tout autour du tronc. Et alors tu pourras monter facilement jusqu'à nous.

Le tigre alla chercher le pot d'huile et le versa tout autour du tronc qui devint naturellement très glissant. Puis il essaya de grimper, mais il glissa et tomba. Cependant il essaya encore et encore, il tomba toujours et toujours. Le petit garçon Young-Sou, très amusé de voir cette comédie du tigre, éclata de rire. Et il eut même l'imprudence de dire, sans penser aux conséquences :

— Oh! qu'il est bête! Il n'a pas l'idée de se servir d'une échelle pour monter sur un arbre, comme maman avait l'habitude de faire pour cueillir les *gams* [1].

Le tigre alla aussitôt chercher l'échelle au moyen de laquelle il réussit à monter sur le saule. Voyant le tigre s'approcher d'eux, les deux enfants effrayés adressèrent une prière à Dieu : « Grand Dieu, si vous aimez les enfants, envoyez-nous un panier attaché à une corde solide, et sinon envoyez-nous un panier attaché à une corde pourrie. »

Un panier descendit du ciel, attaché à une corde. Ils sautèrent tous deux dans

1. Gam est le nom coréen de kaki.

ce panier qui remonta aussitôt dans le ciel. Le tigre arriva à son tour au sommet du saule, mais irrité de n'avoir pu attraper les deux enfants, il adressa lui aussi une prière à Dieu :

— Grand Dieu, dit-il d'une voix peu gracieuse, si vous m'aimez, envoyez-moi un panier attaché à une corde solide, et sinon ne m'envoyez rien !

Un panier descendit, attaché au bout d'une superbe corde. Il y sauta, mais la corde était pourrie. Le tigre tomba dans le vide. Malheureusement pour lui, il vint s'écraser sur une canne de sorgho, qui le traversa de part en part. Le tigre mourut donc, laissant couler abondamment son sang. Voilà pourquoi, depuis lors, les cannes de sorgho sont tachetées de rouge. C'est le sang du tigre.

* * *

Deux ans après l'arrivée du jeune Sont-cho chez ses grands parents, le grand-père mourut. La famille et les parents arrivèrent sans cesse pendant trois jours dans la maison mortuaire. On versait des larmes chaudes. On poussait auprès du mort, étendu sur un lit couvert de soies brodées, des cris, à la fois si tristes et si rythmés, qu'on aurait cru entendre chanter. Les obsèques et l'enterrement, ainsi que les sacrifices, furent solennels, toujours accompagnés de « chants ». Puis on l'enterra dans le *ka-jan-ji,* en attendant une place pour le tombeau définitif.

Qu'est-ce qu'un *ka-jan-ji?* Il faut que je

vous conte une tradition du pays, avant de vous l'expliquer.

Le culte des morts est très rigoureux en Corée. Quand une personne est décédée, surtout un père ou une mère de famille, on l'enterre au bout de deux ou trois jours, d'abord dans le *ka-jan-ji*, ce qui veut dire : un cimetière provisoire. Ensuite on cherche une place pour le tombeau définitif, dans le voisinage, bien entendu, dans les montagnes. Et ceux qui en ont les moyens, étendent leurs recherches à tout le pays, sans compter la distance. Peu importe que ce soit dans le domaine d'X ou d'Y, qu'il veuille ou non, du moment qu'il y a une place convenable, on la *remarque* secrètement.

On consulte généralement les géologues qui en ont souvent quelques-unes *remarquées* à vendre. Le marché conclu, on choisit une date, on forme une équipe d'ouvriers habiles et discrets et on organise l'exécution des travaux avec beaucoup de précautions, car il s'agit, ici, d'entrer dans un domaine défendu et d'y construire un tombeau. Le moment venu, on se rendra sur les lieux pendant la nuit, comme des voleurs, avec le cercueil.

Le propriétaire qui sait parfaitement l'existence de ces mœurs, surveille généralement son domaine. Mais un beau jour, il y constatera la présence d'un tombeau. Il sera furieux, certes, mais il s'inclinera respectueusement, car la mort est une chose sacrée et inviolable en Corée. Il n'aura plus qu'à attendre l'arrivée de ses *infracteurs* audacieux qui, tôt ou tard, viendront implorer une grâce, qu'ils savent d'avance leur être accordée. On vient généralement avec des présents. Quelquefois, mais rarement, l'affaire se règle pécuniairement. Et une fois l'affaire réglée, ces deux familles se lient d'une amitié cordiale qui peut devenir héréditaire. C'est alors qu'on embellit le coin autorisé. Si l'on est riche, on construit des monuments magnifiques et on plante de beaux arbres.

Une fois, profitant de l'arrivée de Mme Bac, sa belle fille, la grand'mère décida d'aller faire une excursion au *Tong-Do*, le fameux temple boudhiste coréen, situé au fond des montagnes, à une trentaine de kilomètres à l'ouest de la ferme. On partit en voiture, un jour, de bonne heure. On était cinq, sans compter le cocher : la grand'mère, la mère de Sont-cho, son percepteur, son oncle, et enfin lui.

Après une heure de chemin tantôt à travers les champs, tantôt le long des montagnes, la voiture s'engagea sur une route montante et sinueuse, au creux d'une vallée. Cette route large et propre, déjà couverte de feuilles mortes, s'enfonçait de plus en plus au cœur des montagnes peuplées de sapins centenaires dont la taille à la fois haute et large était solennellement majestueuse. C'était évidemment une très belle promenade surtout par un beau matin ensoleillé comme celui-là où la fraîcheur parfumée de l'air rendait les gens légers. Enfin on arriva au milieu de montagnes escarpées dont l'aspect imposant et farouche vous faisait penser, malgré vous, à la présence probable de quelque divinité.

Au centre de ces montagnes, s'élevait un groupe de bâtiments à la fois mystérieux et grandioses, avec leurs toits couverts d'ardoises arrondies et leurs colonnes aux cariatides peintes en rouge, et dont le pittoresque style émerveilla le petit Sontcho et ses compagnons. C'était le fameux temple bouddhiste en question.

Ce temple, dont les colonnes et les poutres principales étaient de forme cylindrique d'un diamètre minimum de plus d'un mètre, était construit entièrement en bois, loin du monde, au fond des montagnes, près de la nature, comme tous les temples bouddhistes coréens, élevés il y a près de cinq cents ans. C'était le plus grand temple du pays. L'emplacement occupé par les bâtiments et les cours était aussi grand qu'un grand village. S'il fallait évaluer tout l'espace qui l'entourait, l'étendue de ce temple pourrait bien égaler celle d'une grande ville.

Tous les bonzes avaient la tête rasée. Selon leurs toges on pouvait distinguer les degrés différents de la hiérarchie bouddhiste, qui indique, non pas le degré du *pouvoir*, mais le degré du *savoir* de la théologie bouddhique. Il est vrai qu'il y avait un corps dirigeant formé par de vieux bonzes dont le plus âgé présidait à la destinée du temple. A part cette distinction de l'âge, les bonzes vivaient dans une égalité fraternelle.

La vie dans un monastère bouddhiste est essentiellement collective et désintéressée. Chacun travaille pour tous et tous ne sont que pour chacun.

Cependant, il faut signaler deux catégories nettement distinctes de bonzes dans un monastère bouddhiste coréen. Il y a d'abord les *Do-sing* ou les *bonzes vertueux* et les *Soc-sing* ou les *bonzes civils*. Les

Do-sing ne font qu'étudier la théologie et préparer le *Chemin* tandis que les *soc-sing* cultivent la propriété du monastère dont les récoltes doivent assurer l'existence et les besoins de la collectivité monastique. Par suite ils sont libres d'aller au marché vendre les fruits superflus et acheter les provisions nécessaires. Parfois, ils parcourent le pays, soit pour quémander des aumônes, soit pour distribuer les bonnes paroles de Bouddha.

Notez que les *Do-sing* eux aussi, peuvent descendre en ville quand c'est nécessaire.

Autrefois, c'était souvent aux *Do-sing* que le roi et ses ministres demandaient conseils pour les affaires de l'Etat, ou leur confiaient l'étude de certains projets. Alors les *Do-sing* se dérangeaient, allaient jusqu'à la ville avec leur simplicité habituelle pour donner leur avis au souverain.

Quand nos excursionnistes arrivèrent au seuil du temple, il était onze heures du matin. Le paysage environnant les avait tellement charmés qu'ils se décidèrent à faire un tour à pied autour du monastère, tandis que le cocher se chargeait d'aller annoncer leur arrivée aux bonzes et faire le nécessaire.

Suivant les petits sentiers couverts de feuillages, le petit Sontcho marchait devant avec son jeune oncle et son précepteur suivi de sa grand'mère et de sa mère. Mille sortes d'oiseaux, entre autres des faisans, voltigeaient en poussant des cris sonores dont les échos remplissaient les forêts. Les lapins sauvages qui abondaient à cette époque de l'année, n'ayant aucune peur des hommes, circulaient le plus naturellement du monde dans les chemins. Parfois ils gênaient le passage des hommes. Il est non seulement défendu de faire du mal au moindre animal, mais encore on doit les protéger dans la plus grande mesure de la possibilité. Chez les bonzes, le plus grand péché est d'étouffer la moindre vie, même celle d'un moustique.

En sortant de la forêt on se trouva en face d'une clairière rocheuse et abrupte d'où se précipitait une cascade. Après un instant de contemplation, le cortège émerveillé avança en silence comme si l'on allait se recueillir devant un Bouddha. Ils gravirent les sentiers rocailleux et arrivèrent enfin sur une hauteur d'où le regard embrassait un panorama merveilleux.

Au loin, à l'horizon, on ne voyait que la silhouette unie des hauts sommets pointus. Plus près s'élevaient d'autres montagnes plantées d'arbres et s'étendaient des plaines tachetées çà et là de nombreuses gerbes entassées par la moisson. Puis, à mesure que les regards se repliaient sur eux-mêmes, ils apercevaient des vallées pittoresques sillonnées de ruisseaux sinueux, des animaux domestiques dispersés çà et là, des hommes travaillant, des chiens courant, des oiseaux volant, etc... Tout près, au pied, le spectacle était vraiment féerique : quelques délicieuses petites sources suintaient des blessures des rochers et tombaient goutte à goutte en des vasques de pierre, creusées par le temps. A l'entour de ces intarissables sources les mousses semblaient parées de diamants et l'on eût dit que tous les oiseaux du monde y venaient boire et puis chanter à l'unisson avec les infatigables chansons cristallines de l'eau. Que la vie de ce monde ailé y était douce et poétique! Le petit Sontcho, comme ses compagnons, resta interloqué devant les merveilles de cette nature enchanteresse. Surtout Mme Bac, la mère du jeune Sontcho, dont l'âme était extrêmement sensible, poussait de temps en temps un soupir émerveillé. Puis brusquement, elle s'adressa à sa belle-mère:

— Tout de même, je sens la pauvreté des vocabulaires humains en face des spectacles de la nature!...

— N'exagérons rien, dit la grand'mère, ce paysage n'est qu'une vue insignifiante à côté de celui du *Kum-kan-san* qui est non seulement un des plus beaux coins de la Corée, mais encore du monde entier. Il paraît, d'après certains, qu'on n'a rien vu de beau si l'on n'a pas visité le *Kum-kan-san,* dont le nom signifie : *le mont de Diamant.* Et combien y a-t-il encore dans notre pays de coins dont la beauté dépasse de beaucoup celui-ci ! il me serait impossible de vous les énumérer tous.

A ce moment, du milieu de la forêt qui cachait à peine le monastère, les sons graves et mesurés des cloches commencèrent à s'élever pour aller retomber ensuite au delà de la pleine.

— Allons, il est temps que nous descendions, dit la grand'mère, le déjeuner doit nous attendre.

Le mot *déjeuner* avait une consonance si particulièrement sympathique et agréable à ce moment-là, que tout le monde esquissa un sourire. On comprend bien cette joie innocente après une si délicieuse promenade à travers un tel pays !

On descendit à vive allure. Presque arrivés au monastère, ils rencontrèrent le cocher qui venait justement à leur rencontre.

— J'ai fait le nécessaire, s'écria-t-il, et, vu le beau temps, il est convenu que nous déjeunerons sur la terrasse.

Le repas fut servi en effet sur la terrasse à côté d'une petite fontaine à l'eau pure et fraîche. Bien entendu comme en ville chacun avait sa petite table, mais la vaisselle était faite de bois artistiquement creusé, même les cuillères. A peine étaient-ils assis autour des tables que deux vieux bonzes en grande tenue vinrent saluer respectueusement les hôtes. Tout en souhaitant la bienvenue, ils leur exprimaient tout particulièrement leur plaisir de recevoir en ce jour la famille du regretté M. Bac, qui fut un des plus généreux bienfaiteurs du monastère. Puis après avoir exécuté une grande révérence, selon le rite bouddhique, qui consistait à incliner le buste aussi bas que possible, tout en tenant les jambes droites et les poignets croisés sur la poitrine, ils s'en allèrent d'un pas grave en murmurant entre les dents on ne savait trop quoi.

L'air du domaine monastique était déjà très parfumé, mais en se mettant à table on sentit un parfum encore plus suave. On avait faim et on mangeait gaîment. Le petit Sontcho se demandait si certains mets étaient de la viande ou du poisson. La seule chose qu'on pouvait nettement distinguer était leur odeur exquise. Soudain il demanda à sa grand'mère en indiquant un plat:

— Quelle est cette viande au goût si délicat?

— Oh, petit malheureux! interrompit vivement la grand'mère, que dis-tu là!... On ne mange jamais de viande ni de poisson dans un monastère. Tout ce que nous mangeons en ce moment, provient de la flore, ceci... ce sont des champignons, cela du potiron conservé à sec. Ce plat que tu crois être de la viande est préparé avec des haricots. Ça, c'est la racine de *tchilky*, une espèce de plante grimpante. Ainsi tu vois que tous les mets sont faits de fruits, d'herbes, de feuilles, ou même de fleurs, de sèves, etc... Remarque aussi, continua la grand'mère en caressant son petit-fils, que les meilleurs gâteaux du pays sortent généralement du monastère. Les bonzes ne boivent d'aucune sorte de vin, mais ils fabriquent différentes boissons, avec certaines plantes et du miel. En voici une que nous buvons. Ces boissons sont non seulement très saines, mais encore très recommandées par les médecins comme fortifiantes.

Après cette explication tout à fait inattendue, le petit Sontcho était littéralement émerveillé. Le repas terminé, il fallut visiter les différentes parties de ce vaste monastère. La visite commença par le bâtiment central, certainement le plus grand, dont la hauteur semblait dominer tous les autres. On admira beaucoup la majesté de son style, ses façades de bois sculpté représentant un passage de la Bible bouddhique. On y entra, bien entendu, après avoir ôté les souliers. C'était une pièce unique et immense. Elle était un peu sombre, mais d'une propreté impeccable avec son parquet jaune absolument poli. Douze Bouddhas magnifiques en bronze doré étaient assis en ligne droite sur des piédestaux posés le long du mur en face de la porte d'entrée. Bien qu'assis par terre, ayant les jambes croisées, ces Bouddahs étaien très grands. Leurs bustes pouvant bien atteindre deux mètres cinquante étaient drapés de toiles dorées, mais on apercevait leurs poitrines nues. Les uns coiffés de couronnes royales chargées de coquilles, avaient les bras croisés sur la poitrine; d'autres, la tête nue et rasée, tenaient à la main des tablettes; et d'autres, coiffés d'un simple bonnet rond, avaient les mains posées sur les genoux, les doigts dans l'attitude d'énumération des *Soixante Caps*. (Un *Cap* représentait un an dans le calendrier ancien et les soixante *Caps* ayant chacun son nom et sa divinité, représentaient un siècle.) Sous les regards doux et réfléchis de ces Bouddhas, quelques bonzes, dispersés ça et là dans la salle, étudiaient. Quand le petit Sontcho et ses compagnons entrèrent sous la conduite de la grand'mère, ces bonzes se levèrent, la tête baissée en signe de respect.

Ensuite on passa dans un autre bâtiment. Celui-là était composé de trois pièces dont deux à gauche avaient chacune un Bouddha assez grand — un mètre au moins — tandis que la troisième avait un Bouddha minuscule en or, disait-on, qui ne devait pas mesurer plus de vingt centimètres. Il était enfermé dans une armoire vitrée. Et dans toutes ces chambres il y avait toujours quelques bonzes en étude. Puis on passa sans s'arrêter devant la plupart des autres bâtiments, tout en jetant quelques simples coups d'œil tantôt sur les façades ou sur les colonnes, tantôt dans l'intérieur de la salle si la porte était ouverte. Au cours de cette promenade on put constater qu'il y avait partout des Bouddhas de pierre ou de bois.

Enfin, on traversa une grande cour pour

visiter en dernier lieu un tout petit bâtiment réservé aux bonzesses. Il n'y en avait qu'une dizaine, très vieilles, habillées d'un pantalon large et d'une toge longue et traînante, le tout en gris clair. Elles avaient sur leur tête rasée, un bonnet de papier et, aux pieds, des souliers de paille de riz. Les unes se promenaient dans la cour absorbées à murmurer des choses ; d'autres agenouillées devant les bouddhas, faisaient leur prière. Bref, dans l'entourage du monastère, la vie était absolument égale et uniforme. Sur l'invitation d'une très vieille bonzesse qui avait mission d'offrir un goûter aux visiteurs, on s'installa dans une chambre, devant une statue de Bouddha.

La bonzesse apporta plusieurs plateaux de gâteaux de toutes couleurs qu'elle étala d'abord aux pieds du Bouddha devant lequel elle invita ses hôtes à s'incliner avec elle. La cérémonie ne dura même pas trois minutes. Puis elle leur dit de manger ce qui leur plaisait, tout en prenant un gâteau pour elle-même. Alors chacun alla se servir à son gré. Les gâteaux étaient exquis et parfumés.

Il était six heures du soir, lorsque le son à la fois grave et rythmé de la cloche remplit le domaine monastique. Et quand la cloche cessa de se faire entendre, des chants à l'harmonie un peu languissante, s'élevèrent en chœur de toutes parts. Après le dîner, servi vers sept heures, on invita les trois hommes, l'oncle et le précepteur du jeune Sontcho et le cocher, à aller se coucher parmi les bonzes, tandis que le petit Sontcho, sa grand'mère et sa mère étaient priés de passer la nuit chez les bonzesses. On dormait, tous dans la même pièce. Chacun avait son paquet de couvertures. Celles de Sontcho, sa mère et sa grand'mère avaient été offertes par les bonzesses. On installa les couchettes parallèlement les unes aux autres, sur toute la largeur de la salle.

Oh, que l'on était matinal au monastère ! A quatre heures du matin, tout le monde était déjà levé! Le son des cloches, les chants liturgiques empêchaient les gens de dormir. Enfin, à neuf heures, quand le soleil eut assez bien chauffé l'air un peu trop frais en cette saison d'automne, surtout dans les montagnes, nos excursionnistes s'apprêtèrent à repartir. Ils remercièrent les bonzes et les bonzesses qui ne voulaient point accepter d'argent et offrirent au petit Sontcho un paquet de gâteaux, spécialité du monastère.

* *

Un jour, les parents du petit Sontcho vinrent à Liang-San pour l'emmener à la noce d'une cousine qu'il ne connaissait d'ailleurs pas. Il était content d'aller voyager dans un train en compagnie de ses parents.

Un matin, vers neuf heures, le petit Sontcho, sa mère et son père arrivèrent donc à la gare de Fusan, et à une heure de l'après-midi, après avoir roulé environ trois cents kilomètres, ils descendirent sur le quai de la gare de Tai-Kou, où ils furent reçus par de nombreux parents.

Sontcho n'a gardé le souvenir que de sa tante et de son oncle qui lui étaient alors tous les deux inconnus.

On se rendit chez eux en voiture. C'était une habitation composée de trois bâtiments séparés. Ces bâtiments, disposés de telle sorte qu'ils enfermaient une vaste cour, étaient couverts d'ardoise. Le jeune Sontcho et ses parents furent aussitôt conduits dans le *Nai-Junc* où régnait une animation fort affairée. Les derniers préparatifs de la cérémonie nuptiale en étaient cause. Le jeune Sontcho vit enfin sa cousine fiancée, âgée de dix-sept ans. Ses beaux cheveux noirs lui tombaient sur le dos en une natte unique *qui*, pensa Sont-cho en se rappelant d'une coutume du pays, *deviendra dans quelques jours un chignon au-dessus de la nuque, pour indiquer qu'elle n'est plus jeune fille.* Sa mère en adressant à sa cousine mille compliments, lui dit:

— Est-ce qu'on vous a au moins parlé de votre fiancé? Un beau garçon très gentil! Nous le connaissons, lui, et surtout ses parents...

La fiancée, rougissant jusqu'aux oreilles, baissa la tête.

— Vous le verrez, c'est un beau garçon, vous dis-je, et intelligent. Il nous a demandé un jour si vous étiez grande, si vous étiez belle.

Ici, mes lecteurs européens pourraient s'étonner en se demandant: « Comment, on se marie avec une personne qu'on n'a jamais connue! » Eh bien oui, écoutez-moi bien.

En Corée, quand on veut marier un

fils, ce sont généralement les parents qui cherchent une jeune fille pour le jeune homme. Et quand on voit quelque jeune fille *mariable* dans une famille, dont le rang social n'a rien qui déshonore la sienne, on sollicite des parents de la jeune fille l'honneur d'être reçu en visite. Ces derniers, sachant l'objet de cette visite, donnent suite à la demande en indiquant la date qui leur convient. Ce jour venu, quelques dames arrivent. *Pour voir la jeune fille, ce sont toujours les dames qui viennent.* La jeune fille leur sera présentée. Si par la suite, celle-ci est demandée en mariage, ses parents seront invités à leur tour pour voir le jeune homme. Et quand les deux côtés sont satisfaits de leurs démarches réciproques, et se sont mis d'accord en principe, on demandera le consentement aux jeunes gens ou plus exactement on les avisera de la décision; celle-ci est généralement acceptée. D'ailleurs, ce n'est qu'une simple formalité, puisque, depuis toujours, le mariage a été décidé en Corée par les parents.

Les fiançailles sont annoncées officiellement par un rendez-vous chez les parents de la jeune fille. Ceux-ci prépareront une cérémonie intime pour recevoir les délégués des parents du fiancé, tandis que ces derniers arriveront chargés de présents nuptiaux. Après les salutations d'usage, on échangera, assistés des amis qui servent de témoins, d'abord les actes de mariage qui, une fois échangés, deviennent sacrés. Puis les délégués transmettront les présents qui sont généralement des étoffes, des bijoux, des meubles, des ustensiles, etc... Et enfin on se mettra d'accord sur la date et sur l'ordre de la cérémonie nuptiale. Comme vous le voyez, la jeune fille ne sait pas qu'elle va se marier. Et puis les jeunes filles coréennes sont très timides, si timides qu'elles ne savent comment supporter la honte, quand on leur parle de leur mariage.

A peine eut-elle pris possession de la

chambre qui leur avait été réservée, que Mme Bac, la mère de Sontcho, demanda à une parente de l'ouvrage. Puis elle passa dans une chambre voisine tout en entraînant la parente qui lui dit :

— Je vous en prie, reposez-vous. Presque toutes les robes sont terminées... et puis nous avons assez de personnes pour tout finir avant deux jours !...

M. Bac, le père de Sontcho, voulant faire un tour en ville avec un parent, recommanda à son fils de rester sage.

L'oncle du jeune Sontcho, un gros bonhomme aux cheveux grisonnants et au ventre proéminent, était fort plaisant.

— Quel âge as-tu, demanda-t-il d'une voix fêlée au jeune Sontcho. Tu sais au moins lire ?

— Oui, monsieur, j'ai douze ans.

— Eh bien, il est temps que tu saches un peu l'origine de ta famille !... dit-il en sortant d'une petite bibliothèque un gros volume jaune, sans titre, mais numéroté du chiffre UN.

Sontcho qui était déjà un esprit très docile et curieux, aimant beaucoup la lecture, alla aussitôt s'installer dans un coin avec le livre. C'était un livre généalogique que l'oncle de Taï-Kou avait le privilège de posséder, comme étant la souche directe de la famille Bac.

A la première page, quelques explications du mot *Bac*; à la deuxième commençait cette histoire peu ordinaire :

Ce fut par un beau jour d'automne que ce vénérable poète, dont les vers ne sont que des expressions de son amour automnal, se plut à flâner à travers les collines tout en contemplant les dorures sans éclat des feuilles de la saison.

L'atmosphère était comme saturée de rêve. La sérénité du ciel, la douceur de la brise, les murmures harmonieux des ruisseaux cachés, les gazouillements confus des oiseaux invisibles, tout cela exerçait

*sur lui une attraction magique. Il lui sem-
blait que la nature elle-même rassemblait
ses puissances éparses, battait le rappel de
ses éléments de séduction pour lancer à
la face enivrée du promeneur solitaire l'irrésistible appel de la douce rêverie.*

*Il s'était assis au pied d'un arbre, goû-
tant les délices de son enchantement,
quand tout à coup il vit venir un cerf
blessé qui s'efforçait de cacher son corps
sanglant derrière un buisson touffu. Mais
la petitesse du taillis ne lui offrait pas un
abri sûr. Alors le poète devinant tout, arra-
cha rapidement plusieurs brassées d'autres
buissons et les jeta soigneusement sur le
corps du cerf qui faisait alors mine d'être
mort. Quelques instants après, deux chasseurs arrivèrent en hâte. Ils lui deman-
dèrent s'il n'avait pas vu passer un cerf
blessé.*

*— J'ai vu passer un cerf furieux, en
effet, répondit le poète, galopant à toute
allure dans cette direction.*

Ainsi une direction fausse étant indi-

quée, ils s'y précipitèrent sans même remercier leur interlocuteur. Quand les chasseurs eurent disparu au loin, le cerf sortit de sa cachette. D'un regard reconnaissant, il considéra l'homme pendant un instant, puis s'en alla d'un pas traînant vers la haute montagne, tandis que, cédant à la fraîcheur crépusculaire, le poète regagnait son foyer familial.

Le lendemain matin, contrairement à son habitude, comme il s'était réveillé de fort bonne heure, et plongé dans la méditation, sa femme le pria de lui en dire le sujet. Alors, après avoir raconté à celle-ci l'histoire du cerf blessé, il lui apprit qu'il venait de s'éveiller d'un rêve peu ordinaire : Un vieillard est présenté à moi, continua-t-il, il m'a remercié fort gracieusement d'avoir sauvé son fils bien-aimé qui n'était autre que le cerf de la veille. Il m'a assuré comme témoignage de sa gratitude, une postérité prospère et glorieuse.

Ayant raconté cela d'un air assez amusé, il continua tout à coup d'un ton triste :

— *Combien je suis heureux d'avoir entendu une telle nouvelle, fût-ce en rêve! Songez, madame, que depuis quatre générations, notre famille n'a toujours connu qu'un descendant unique! Et à notre tour, nous n'avons plus maintenant l'espoir d'avoir d'autre enfant que celui que Dieu nous a confié déjà...*

A ce moment on frappa à la porte. Puis la porte de leur chambre s'ouvrit, laissant paraître leur unique fils adoré qui venait leur présenter ses devoirs habituels. C'était un beau garçon, en pleine force. Dans un visage rempli de douceur, ses yeux étincelaient comme des étoiles dans un ciel serein. Sa nature à la fois simple et charmante ne pouvait que s'enrichir de vertus et de sagesse sous la direction d'un tel père.

— C'est un beau garçon, remarqua la femme quand le fils fut sorti.

— Il faudrait que nous pensions aussi à son mariage! ajouta-t-elle.

— C'est le sujet de mes soucis! dit le mari.

— *Au fait, quelle réponse réservez-vous à la proposition qui nous a été faite par le seigneur de Han-Yang?*

Comme son mari n'y répondait pas, elle continua:

— *Sa vertu, ses grâces, que tout le monde apprécie ne vous disent-elles rien?*

— *Je le sais! fit-il doucement.*

— *Alors, qu'attendez-vous pour donner à ce seigneur une réponse favorable?*

— *Certes, il ne manque rien à cette jeune fille pour être une épouse parfaite, mais..., mais elle est, madame, la fille unique de ce seigneur! Le mot unique m'effraye !...*

— *Que dites-vous là! vous oubliez que tout dépend de la volonté de Dieu. Si rien ne fait défaut dans les natures de ces deux jeunes gens pour être un parfait couple, c'est que Dieu aurait bien voulu cette union. Conformons-nous donc, cher époux, à la volonté divine!...*

Le mari lui-même souhaitait cette union, mais le mot unique lui semblait avoir une consonance horrible. Cependant les arguments de sa femme lui parurent raisonnables. Aussi décida-t-il de répondre favorablement à la demande du Seigneur de Han-Yang.

Les deux familles s'entendirent donc pour fixer la date de la cérémonie nuptiale pour laquelle, désireuses de donner tout l'éclat possible, elles firent aussitôt des préparatifs grandioses. Le jour venu, suivant la coutume du pays, le fiancé escorté de ses gens, alla chez la fiancée, où devait être dressé le lit nuptial. Ce fut l'occasion d'une réjouissance générale et la fête se termina avec un rare éclat. La nuit étant assez avancée, on conduisit les nouveaux mariés à l'appartement qui leur avait été réservé.

Restés seuls, le nouveau marié remarqua que sa femme souffrait légèrement. Croyant à de la fatigue, il lui conseilla d'aller se reposer. Cependant sa souffrance semblait s'aggraver tout à coup. Puis à son grand étonnement, il la vit perdre connaissance et mettre au monde un enfant! Malgré sa grande stupéfaction, retenant son sang-froid, il lui prodigua les soins nécessaires. Après qu'elle fut revenue à elle, il lui dit :

— Madame, songez que nous nous sommes liés pour jamais depuis ce matin. Désormais votre déshonneur et votre perte seront les miens. Ayez donc confiance et laissez-moi agir comme je l'entends.

A ce mot, il sortit de la chambre et alla réveiller secrètement son valet qui lui était attaché personnellement. Il lui dit :

— Mon ami, je viens d'être averti en rêve, qu'un grand malheur serait à la porte de chez nous, et ma présence serait nécessaire pour sauver mes parents. Evidemment, je ne veux pas le croire! mais ma conscience n'en est pas moins troublée. Préparez donc sans bruit mon cheval et le vôtre, et conduisez-moi jusqu'à la maison. Comme je compte être de retour avant l'aurore, obéissez vite!

Puis il revint auprès de sa femme. Tout en la rassurant avec une aimable éloquence, il enveloppa très soigneusement le nouveau-né dans une étoffe de soie et le cacha dans son sein. En sortant de nouveau de la chambre, il dit:

— Madame, je vous rejoindrai avant l'aurore. Attendez-moi avec confiance.

Les voilà, nos deux cavaliers, maître et valet, déjà en route. Lorsqu'ils furent sur le point de passer un petit pont de bois, le maître ordonna au valet d'arrêter un instant sous prétexte d'avoir besoin de prendre un peu de précaution. Il descendit donc sous le pont, mais à peine fut-il descendu qu'il remonta en poussant un cri d'étonnement.

— Apportez-moi de la lumière, dit-il à son valet, il y a là quelque chose qui me surprend!

Le valet s'empressa de descendre avec la lumière et découvrit un nouveau-né enveloppé dans une étoffe de soie.

— Oh, s'exclama le jeune maître, c'est

pour sauver cet être humain, que j'ai été choisi... En tout cas c'est l'ordre formel de Dieu! Allons vite, en route!

Quand il se présenta devant ses parents, qui s'alarmèrent de cette présence inattendue surtout à une heure pareille, le jeune marié leur raconta son rêve et la découverte du nouveau-né sous le pont, puis il leur dit:

— Je vois là un ordre du Tout-Puissant! conformons-nous, chers parents, à la volonté divine!

— C'est fait! répondirent ses parents ensemble. Il sera élevé avec les plus grands soins. Mais faites-nous, monsieur, le plaisir d'aller rejoindre votre épouse le plus vite possible! et partez!...

Avant l'aurore, en effet, le jeune marié put rejoindre sa femme qui l'attendait, l'air inquiet...

Le lendemain matin, les nouveau mariés reparurent gais, le plus naturellement du monde.

— Jamais un couple aussi harmonieusement parfait, disait tout le monde, n'aurait existé!

La précaution de ce prudent jeune mari fut telle, qu'on ignorait le moindre événement de la veille.

La vie leur fut douce. Les heureux jours se succédèrent ainsi que les heureuses années. Vingt années s'écoulèrent comme un matin, depuis leur mariage. Et pourtant elles n'avaient pas manqué d'accomplir leurs œuvres cruelles! Car un sommeil éternel avait fermé les paupières de leurs parents. Ce couple autrefois tout rose, tout florissant, devenu père et mère, voyait alors quelques fils blancs courir dans leurs chevelures.

Le souvenir fâcheux aurait été oublié durant cette heureuse vie trop courte, si un jour, un jeune page n'avait pas demandé à son maître:

— Seigneur, à moins que je ne fusse tombé du ciel, je dois avoir des parents qui m'ont donné naissance. Si vous ne savez rien de ma personne, daignez me dire quand et comment je fus recueilli par vous.

Le visage du seigneur devint sombre et pensif, une terrible colère qu'il dissimulait mal, surgit tout à coup dans ses yeux. Puis il répondit:

— Vous le saurez tout à l'heure!

A ces mots, il passa dans une salle intérieure où sa femme tricotait.

— Madame, il faut que je vous parle, lui dit-il en entrant, nous avons trop vécu pour qu'il y ait encore quelque secret entre nous!

Tout en lui rappelant, d'un ton sombre, les souvenirs de la première nuit de leur mariage, et la question posée par le page qui n'était autre que l'enfant de sa femme, il la pria de lui dire son nom.

— Dieu soit témoin de ma pureté! balbutia-t-elle d'une voix tremblante, cet enfant m'est venu tout seul. En tout cas, je veux tout dire, seulement en présence de ce pauvre enfant.

Le moment étant favorable pour un

entretien secret, il appela donc le page à qui il présenta sa femme, en lui disant:

— Voilà l'auteur de vos jours, qui vous dira comment vous êtes venu au monde.

— Oh, mon pauvre ami, commença-t-elle, moi qui vous ai donné la naissance, j'ignore moi-même si vous êtes un être humain comme les autres, car vous êtes venu au monde d'une façon incompréhensible!

Puis s'adressant à son mari:

— Ce fut la veille de nos fiançailles que j'eus un rêve extraordinaire. Un vieillard se présenta à moi, alors que je me promenais dans le jardin. Il me raconta que son fils avait été sauvé par mon futur beau-père. « Pour le remercier, je viens ici bénir sa future belle-fille! », dit-il tout en versant sur ma tête un flacon de parfum délicat, dont je savourais pendant un instant l'odeur exquise. Depuis lors, je sentais que quelque chose d'extraordinaire se passait en moi. Enfin, voilà la première nuit de notre mariage arrivée! Le reste, vous le savez, balbutia-t-elle en sanglotant... Racontez-moi, seigneur, comment vous l'avez élevé.

Ils l'écoutèrent tous deux la tête baissée. Le mari rompant le silence, dit à sa femme :

— Rassurez-vous, madame, je vous crois, j'ai d'autant plus de raisons de vous croire, que mon père a sauvé en effet, le jour qui précédait nos fiançailles, un cerf blessé, et la nuit même, il a eu un rêve semblable au vôtre !

Après un instant d'arrêt, il leur rappela d'abord son souvenir stupéfait de l'événement extraordinaire de cette nuit nuptiale et sa présence d'esprit d'inventer un mensonge, à savoir le rêve et la découverte du nouveau-né sous le pont. Puis en s'adressant au jeune homme :

— Mon père, après avoir remercié Dieu, confia votre éducation à un précepteur de haute vertu qui se félicitait d'avoir eu pour élève un enfant qu'il qualifiait d'intelligence même. Quand votre éducation fut terminée, c'est-à-dire depuis le mois dernier, je vous ai pris comme mon page, mais mon intention était faire de vous un homme utile.

A peine le récit terminé, le jeune homme se prosterna devant son maître et lui dit :

— Seigneur, la grandeur de votre esprit mériterait toute bénédiction de Dieu. Je dois donc ma naissance à Madame, mais je vous dois ma vie, à vous, seigneur !

Puis, avec une tristesse infinie, il jura qu'il consacrerait désormais sa vie entière à son maître et sauveur. En même temps, il déclara qu'il quitterait la maison pour des raisons d'ordre moral. Il partit donc un beau jour, et une trentaine d'années s'écoulèrent sans qu'on eût la moindre nouvelle de lui...

Ce fils du divin poète, vaincu à son tour par ses soixante-dix ans, gardait le lit depuis des mois. Un jour son état inspira une vive inquiétude. On crut alors que sa mort n'était plus qu'une question d'heures. Soudain, quelqu'un se fit annoncer à la porte, et sans qu'on lui apportât la réponse, accourut jusqu'à la chambre du mourant.

— Seigneur, dit-il au moribond d'une voix vibrante, si je me suis éloigné de vous de corps, mon âme ne l'était pas une minute!... Je suis géologue, et ma science m'a permis de trouver un endroit où je compte dresser votre lit éternel, qui permettra, ensuite, à votre âme d'entrer dans la famille divine de l'autre monde. Et alors vous serez le maître du Bonheur et du Malheur de ce monde-ci!

Ces termes produisirent un effet heureux sur le visage du moribond, qui, après avoir remercié le nouveau venu ne tarda pas à rendre le dernier soupir...

Les préparatifs continuaient tous les jours fiévreusement: on embellissait l'habitation, on faisait des robes, on préparait des festins, etc. Enfin, le jour de la cérémonie arriva. Dès l'aube, des bruits confus et agaçants qui troublent les doux sommeils matinaux des gens oisifs, remplissaient déjà la maison. Le petit Sontcho paressait, ce matin-là, voluptueusement dans son lit, tard dans la matinée. A huit heures, pressé par son père, il se décida à quitter la couchette. En sortant de la chambre, il fut émerveillé par les changements opérés dans la maison depuis l'aube. L'immense cour était couverte de tentes blanches. Des vases de fleurs artificielles de toutes couleurs se trouvaient abondamment dans tous les coins de la maison. Au milieu de la cour se dressait une table assez haute que l'on chargeait artistiquement de fleurs et de plats. Vers onze heures on annonça l'arrivée imminente du fiancé. Sontcho sortit jusqu'à la porte d'entrée pour voir cette arrivée. D'ailleurs une foule curieuse, composée surtout de femmes, stationnait devant la maison, faisant la haie sur les deux côtés de la route. Le bruit confus d'innombrables clochettes attira tout à coup les regards de la foule. Puis cinq chevaux magnifiques montés par cinq hommes en grande tenue arrivèrent l'un après l'autre. Les superbes palefreniers qui conduisaient les chevaux par la bride, poussaient de temps en temps de longs cris incohérents. Le premier cavalier, un homme d'un certain âge, était le père du fiancé; le second, un jeune homme somptueusement habillé de soie bleue azur et coiffé d'un chapeau haut de forme, doté d'une paire d'ailes, était le fiancé. Il avait à la main un éventail avec lequel il cachait son visage. Le troisième qui n'était plus jeune, était un laquais. Celui-là tenait sous le bras un canard sauvage, les pattes et les ailes liées. Enfin les deux derniers cavaliers, encore jeunes, étaient les plus proches parents du fiancé. Arrivés devant la porte, tous les cinq descendirent à terre, toutefois sans oser entrer. A ce moment, un gros monsieur, notable de la ville, invité tout particulièrement pour la circonstance, s'écria :

— Faites votre entrée dans la famille Bac !

Alors les cinq cavaliers entrèrent précédés du notable qui conduisit le fiancé devant la table dressée au milieu de la cour, tandis que le laquais y posait respectueusement son canard. Suivant les ordres du notable, le jeune fiancé se prosterna plusieurs fois devant la table. Puis, la voix grondante, le gros notable se tourna vers une salle de l'intérieur :

— Que la fiancée sorte !

La fiancée sortit voilée d'une toile verte, et conduite par deux femmes. Elle se tenait debout de l'autre côté de la table en face du fiancé. A ce moment, quelqu'un posa sur la table une canne sauvage. La fiancée exécuta à son tour quelques révérences, suivant l'ordre du notable. Puis on présenta au fiancé un verre de vin dont il but une goutte. Le même verre de vin fut présenté à la fiancée qui en but aussi une goutte. Voilà la cérémonie terminée.

Après midi, le nouveau marié retourna chez lui avec sa femme. Celle-ci était portée par quatre hommes dans une magnifique chaise à porteur, suivie de son mari à cheval. Le cortège était cette fois nombreux. Les parents de la jeune femme l'accompagnaient en grande pompe. Cependant la fête continua durant deux jours pendant lesquels les voisins furent invités.

Notez qu'il n'y pas de cérémonie chez le fiancé, mais pour célébrer le mariage il y a aussi une fête où seront invités les amis et les voisins dans la mesure de leurs moyens.

En vous disant qu'il n'y a pas de cérémonie chez le fiancé, je me suis mal exprimé. Le lendemain du mariage il y en aura une, pendant laquelle le nouvel époux dénouera la natte virginale de sa femme, pour faire lui-même un chignon. Cette cérémonie est tout à fait intime et se passe en famille.

La cérémonie, les fêtes eurent grand éclat. Tout le monde était satisfait. Cependant la famille était accablée de fatigue. Les invités partirent, et la plupart des parents venus de loin. Il ne resta plus que quelques proches, dont faisaient partie les parents du jeune Sontcho.

Un repas intime les réunissait tous, un soir, dans une salle centrale où régnait une gaîté verbale. Un jeune parent de Séoul, fort élégant et beau parleur, — qui, disait-on, était revenu d'Europe depuis quelques mois — fut accablé de questions. Il répondait jovialement. On l'écoutait avec intérêt. Après avoir raconté les mille merveilles de l'Europe, il prétendit que beaucoup d'Européens qui connaissent la Corée, l'aiment et l'admirent de tout leur cœur.

— Tenez, continua-t-il, le mois dernier, j'ai assisté à une soirée qu'organisait un de mes amis et où furent invités quelques-uns de nos amis Blancs. Il y avait notamment un ménage de missionnaires américains, un journaliste allemand, deux Anglais et un couple français. Les festins, les jeux ayant eu lieu, on passa à la conversation qui prit naissance après un morceau de musique coréenne. Le cadre de la conversation s'étendait peu à peu sur le même sujet : de la musique coréenne on passa au caractère coréen, du caractère coréen on passa au peuple coréen... Bref, la conversation se déroulait sur la Corée et rien que sur la Corée. Chacun apportait sa part d'éloge à la *douce Corée*. Un Anglais se plaignit amèrement qu'un peuple comme le peuple coréen fût privé de toute liberté.

« Ce qui étouffa malheureusement le développement d'une belle intelligence qui aurait pu contribuer au progrès de la civilisation humaine. » D'après lui, les Coréens sont doués d'une excellente mémoire et surtout d'une intelligence créatrice. En appuyant ses arguments sur l'histoire, il déclara que les caractères mobiles d'impression furent inventés par les Coréens, cent ans avant les Allemands, et le baromètre, cent ans avant les Italiens. Et le sous-marin de l'amiral coréen Li Sun-Sin n'a-t-il pas émerveillé les plus grands ingénieurs d'aujourd'hui ? Les céramiques coréennes d'autrefois, les fabrications de Bouddha et de cloches, soit en métal, soit en pierre sculptée, ont non moins suscité l'admiration de nos contemporains. Ce n'est pas tout. Les Coréens ont une intuition et une habileté qui ne se séparent jamais de la patience et du tact.

Le missionnaire américain, un vieillard fort amusant et gai, malgré ses soixante-huit ans, dit d'un ton grave :

— Ce que j'admire chez les Coréens, c'est leur caractère qui est à la fois dur, mais d'une dureté têtue et souple, mais d'une souplesse élastique. On dira peut-être que c'est un défaut. Si oui, alors c'est ce défaut qui a sauvé plusieurs fois le pays et le peuple coréens. Voyez l'histoire, combien de fois ce pays, l'objet de tant d'avides convoitises de la part de ses voisins redoutables, s'est vu obligé de se soumettre sous leurs sabres sanglants! On a toujours vu que cette soumission n'était faite que pour mieux consolider l'avenir, pour se mieux venger. Si le Coréen avait par malheur un caractère court et étroit comme certain peuple — il veut dire ici le Japon, qu'il n'ose pas nommer — autrement dit, si le Coréen n'avait pas eu ce caractère élastique, un peu têtu et cet esprit débrouillard comme ce grand peuple continental — c'est la Chine — il aurait déjà succombé au cours de tant de tempêtes, qu'il lui fallut traverser!

Le Français dont le tact et la délicatesse

d'esprit étaient bien connus, prit la parole:

— Eh bien, moi, ce que j'admire chez les Coréens, entre autre chose, ce sont les sentiments humains. J'ai pourtant parcouru le monde, mais je n'ai jamais vu un peuple qui ait autant de sentiments humains. On peut deviner combien ils doivent s'aimer et se respecter entre eux, quand on voit leur amabilité spontanément ouverte aux étrangers. On dit que cette amabilité à l'égard des étrangers est un devoir sacré chez eux, mais on peut toujours constater qu'il y a dans toutes les habitations coréennes même dans la plus petite campagne, une pièce en réserve, appelée *saranc* pour recevoir les passants, toutefois, bien entendu, si ceux-ci en ont besoin. Peu importe qu'on les connaisse ou non, ils seront toujours reçus gratuitement, partout.

— La remarque est très juste, dit un jeune Coréen, c'est justement cela qui a empêché le développement du tourisme et de l'hôtellerie chez nous! Je suis vraiment touché, ce soir, des éloges flatteurs que vous venez de faire sur mes compatriotes. Mais vous n'avez pas vu nos faiblesses et nos défauts. Nous en avons beaucoup, et il serait même impossible de vous les énumérer tous. Pour moi, la cause de nos faiblesses et de nos défauts vient de ce que nous sommes un peu superstitieux et fatalistes.

Le journaliste allemand voulut donner son avis:

— La Corée, c'est une Suisse d'Asie, dit-il, je l'ai parcourue en tous sens. Ici, il faut que je vous raconte une aventure, qui m'est arrivée, il y a deux ans, alors que je visitais le département de Ham-Kiung. Nous étions trois, un guide coréen, mon oncle et moi. L'hiver habituellement très rigoureux, surtout dans ce département, régnait en ce moment-là en maître absolu.

Enfin, le 15 janvier, quand nous arrivâmes dans un petit village montagnard de ce département, une tempête de neige sévissait avec rage. Nous fûmes obligés de chercher un refuge. Ce petit village perdu au fond d'un vallon entouré d'innombrables montagnes farouches, se composait d'une vingtaine de minuscules chaumières, dont les habitants étaient tous des cultivateurs-chasseurs. Nous fûmes hospitalisés chez une vieille dame, à coup sûr, une pauvre solitaire, qui nous offrit une pièce disponible. Chaque famille lui apportait ce qu'elle pouvait en espèces bien entendu, pour soigner ses hôtes. Tout le monde dans ce village était heureux, dit-on, d'avoir à qui donner l'hospitalité. Cependant la tempête continuait. Et nous demeurâmes là impuissants. La vie était absolument moyenâgeuse : on couchait par terre sur la paille, on mangeait un peu comme on voulait. Et pourtant nous fûmes touchés de la bonté naturelle de ces braves gens. Un matin, alors que mon oncle était sorti faire un tour au dehors, et que je jouais aux cartes avec mon guide, la vieille dame vint avec un gros bonhomme visiter ses hôtes. Des larmes ruisselaient sur ses joues, on lui en demanda la cause, mais la vieille dame cédant sa place au gros bonhomme, lui dit :

— Parlez, Monsieur le Maire !

— Messieurs, commença-t-il d'une voix rude, j'ai le regret de vous prier de quitter le plus tôt possible notre village. On vous conduira avec toutes les commodités nécessaires jusqu'à la grande ville, si vous le désirez. Nous n'aimons pas, messieurs, des gens méchants. Préparez, je vous prie, tout de suite votre départ, dit-il d'un ton sec, en s'en allant.

La vieille dame pleurait toujours, tandis que ses deux hôtes étaient tombés dans la complète stupéfaction.

— Mais qu'avons-nous fait de méchant, madame, dites-nous-le au moins ! supplia mon guide.

— Je sais bien que vous n'êtes pas méchants, mais c'est le monsieur étranger, le vieux, votre oncle, m'a-t-on dit, qui a tué ce matin une biche qui, chassée de la montagne par la rigueur de la température, était venue chercher un refuge chez les hommes. Comment voulez-vous que nous gardions chez nous un homme sans pitié! qui causera nos malheurs! balbutia-t-elle en s'en allant à son tour.

— Allons, préparons nos affaires! me dit le guide. Le mal est fait, il faut maintenant partir. L'affaire est trop grave pour espérer quelques grâces!

— Quoi! avoir tué une biche sauvage, serait-ce un crime? Etant chasseurs, ils en tuent bien eux aussi! m'étonnai-je.

— Mais non, mon cher, vous ne savez par les mœurs du pays. Ecoutez-moi, dit mon guide, pendant l'hiver, quand le temps est trop rigoureux à supporter, ce qui est le cas général, surtout dans ce département plein de montagnes de hautes altitudes, les animaux sauvages, tels les faisans, les renards et les biches, et quelquefois les sangliers eux-mêmes viennent chercher refuge dans les villages, oublieux du péril qu'ils risquent! Eh bien, on doit être très hospitalier à leur égard. On doit leur donner à manger. On doit laisser à leur disposition des coins abrités, car il n'est point coutume chez nous, de refuser le droit d'asile même aux pires ennemis, quand ils nous le demandent, et surtout ce serait commettre un très grand péché que de refuser.

A ces mots, mon oncle entra tout grave.

— J'ai cru rendre service en tuant une biche fugitive..., murmura-t-il.

— Ces paysans croient, répartit mon guide, que tuer une bête qui vient chez les hommes au risque de sa vie serait susciter les colères de Dieu. Ils veulent donc maintenant, à tout prix éloigner le *sacrilège meurtrier*, comme ils disent, pour apaiser les colères divines!

Nous étions donc obligés de quitter ce village montagnard si sympathique! Voilà mon aventure, conclut le journaliste allemand.

Le jeune et élégant parent raconta ces histoires avec une telle éloquence que tout le monde le félicita de son talent oratoire. Le petit Sontcho, qui écoutait lui aussi avec un intérêt éveillé, le remercia fort gracieusement.

Bac Sontcho se souvenait ainsi du passé lorsqu'une visite inattendue l'empêcha de goûter davantage la douceur de sa rêverie.

TROISIÈME PARTIE

La Chine d'alors était en pleine décadence. Attaquée, violée, pillée, empoisonnée constamment par le banditisme des Blancs et du Japon, elle avait subi jusqu'à la dernière injure depuis un demi-siècle. Elle avait dû accepter des traités humiliants où toutes les charges pesaient sur elle sans contre-partie. Pleines de convoitises, les puissances étrangères s'apprêtaient toujours à tirer de nouveaux avantages de la faiblesse de la Chine.

Sa situation intérieure était extrêmement critique et confuse. Las de l'administration obscure et absolutiste de la Cour, le peuple chinois n'avait plus aucune confiance en son empereur ni en ses ministres. D'autre part, la misère, la famine sévissaient dans de nombreuses régions. Bref, la Chine entière était secouée par des émeutes qu'exaspéraient l'agression et l'ingérence des étrangers sur son territoire.

Les jeunes étudiants chinois, et surtout ceux qui venaient de rentrer des pays étrangers, se rassemblèrent spontanément autour du célèbre révolutionnaire *Sun Yat-Sen* qui semblait être écouté par la majorité du pays et qui n'attendait plus que le moment favorable pour renverser la dynastie et instaurer le régime convenant à son idéal: la République. Les innombrables jeunes lieutenants de Sun Yat-Sen, dispersés dans tous les coins du pays, exhortaient le peuple à la révolte. Alors commença le véritable réveil de la conscience nationale de la Chine qui semblait grandir à vue d'œil.

Ami intime de Sun Yat-Sen depuis le temps de ses études et ayant le même idéal que lui, Bac Sontcho était évidemment pour la cause de la révolution chinoise. Cependant son nouveau plan d'action pour la révolution coréenne lui recommandait une prudence diplomatique. Toutefois les révolutionnaires chinois, qui avaient leur quartier général à Canton, mais qui avaient aussi une grande influence à Pékin, étaient toujours prêts à lui rendre service dans la mesure du possible.

Bac Sontcho rendait tous les jours de nombreuses visites à des personnalités officielles et à des amis personnels. Et malgré son apparence soucieuse, il rentrait chez lui toujours un peu content de ses entrevues.

Un jour il reçut une visite inattendue d'un certain nombre de jeunes Chinois qui lui présentèrent une lettre d'introduction de Sun Yat-Sen lui-même. Celui-ci, en termes sûrs et bienveillants, lui recommandait ces jeunes gens comme étant des volontaires disposés à sacrifier, au besoin, leur vie même pour la cause de la Corée. Ils sont honorables et consciencieux, disait-il, ils pourraient répondre aux besoins dont vous m'avez parlé dans votre dernière lettre.

Bac Sontcho avait, en effet, besoin de quelques jeunes volontaires habiles et intelligents pour se mettre en relation avec ses compatriotes de l'intérieur. Et c'est grâce aux dévouements intrépides de ces jeunes Chinois qu'il allait pouvoir organiser un vaste complot révolutionnaire en Corée.

La terreur y régnait en maîtresse absolue. Les soldats japonais présents partout commettaient les crimes les plus atroces et les plus immoraux que leurs chefs encourageaient cyniquement. Les habitations perquisitionnées, les greniers vidés, les gens expulsés ou massacrés, les femmes maltraitées, en un mot, une situation intolérable. Quelques résistances désespérées de la part des Coréens furent cruellement réprimées partout. Bref, le sang coulait continuellement dans tous les coins du pays. La terre coréenne elle-même semblait verser des larmes sur le sang douloureux de ses enfants! Les jeunes volontaires chinois étaient admirables. Ils se déclarèrent tous prêts à sacrifier leur vie pour la libération de la Corée et pour combattre le Japon, ennemi commun de la Corée et de la Chine, qui déshonore la race jaune aux yeux du monde. Grâce à leurs dévouements infatigables, Bac Sontcho put se mettre en étroite relation avec ses compatriotes de l'intérieur auxquels il envoyait des instructions nécessaires.

Un plan de soulèvement général avec l'appui des révolutionnaires chinois fut minutieusement étudié et Bac Sontcho croyait pouvoir le mettre au point à la fin de l'année courante, quand, en mai 1907, un formidable soulèvement éclata en Chine, sous l'égide de Sun Yat-Sen. La nouvelle de ce soulèvement attrista d'abord Bac Sontcho qui se voyait obligé de remettre à plus tard l'exécution de son plan, car en temps de guerre civile, les révolutionnaires chinois, malgré leur bonne volonté, ne pouvaient lui accorder tous les appuis nécessaires! Et pourtant il se réjouissait d'avance de la victoire de Sun Yat-Sen, grand ami de la Corée.

Pendant ce temps-là, le Japon augmentait les effectifs de ses soldats en Corée et continuait toujours son œuvre sanglante. Il était d'ailleurs trop visible que le Japon voulait coloniser la Corée d'abord en exterminant la classe intellectuelle coréenne à la moindre occasion, puis en forçant les petits propriétaires fonciers à quitter leurs pays pour la plaine mandchourienne, et enfin en pratiquant une politique *d'assimilation* à l'égard de la classe ignorante. De là ce nombre formidable de soldats japonais qui sillonnaient la Corée en tous sens.

De là aussi cette redoutable institution d'une Compagnie qui avait pour mission d'exproprier les propriétaires coréens et de les remplacer par des Japonais qui étaient incapables de se créer une situation dans leur propre pays.

Ainsi traités comme des chiens, les Coréens réduits à la misère, que dis-je, acculés à la mort, organisèrent des résistances désespérées, dont la force grandissait sans cesse à mesure que la criminelle pression augmentait. Les Coréens, qui n'ont jamais accepté la perte de leur indépendance, se révoltèrent de toutes parts, en dépit de terribles mesures de répression, aux cris de : *la mort ou la liberté!*

Bac Sontcho qui n'était pas du tout partisan de la violence, préconisait alors lui-même la violence en face des gestes trop cruels du Japon continuellement répétés. Dès lors, les Coréens s'efforcèrent d'assassiner à tout prix les Japonais, leurs ennemis héréditaires.

Au début de l'année 1908, deux jeunes révolutionnaires coréens, Tchang In-Whan et Tsien Miung-woon, tuèrent à San-Francisco un Américain, conseiller du gouvernement japonais, Steven, qui avait osé louer l'œuvre japonaise en Corée. Et à la fin de l'année suivante, un jeune et courageux Coréen, An Dung-Gun, frappa d'un coup justicier la tête du marquis Ito, l'auteur et le criminel initiateur de la politique impérialiste du Japon en Corée, alors que par ses intrigues il convoitait avec les agents du Tzar la Mandchourie. Aussitôt après la mort d'Ito, le Japon augmenta encore les effectifs déjà considérables de son armée en Corée! Et enfin, le 29 août 1910, la Corée fut annexée et faite province japonaise par le maréchal Térauchi, qui en était le premier gouverneur général avec une méthode d'administration à la fois sanglante et honteuse pour la conscience de toute l'Humanité pensante!

A la nouvelle de l'annexion, beaucoup

d'honnêtes Coréens se suicidèrent de désespoir et surtout pour échapper à la honte. Entre autres, le ministre coréen à Saint-Pétersbourg, Li June, après avoir vainement essayé d'obtenir une protestation européenne, se suicida. Bref, c'en était fait des Coréens !

« Le Colonial, c'est l'esclave ! il vaut mille fois mieux mourir que d'être esclave !... » disaient-ils tous et ils se révoltèrent de plus en plus, malgré le déploiement des forces japonaises qui massacrèrent sans pitié les innocents Coréens.

Les premières années qui suivirent l'annexion de la Corée furent pour les soldats japonais des années de dur labeur, dont la moisson leur valut plus de deux cent mille cadavres coréens.

Survint la guerre mondiale de 1914 qui secouait partout les esprits humains, en particulier ceux des Coréens. Ceux-ci, en effet, surveillèrent toujours les événements mondiaux, sachant l'influence qu'ils auraient sur l'avenir de la Corée. D'autre part, l'Entente avait fait des promesses magnifiques en s'aidant d'une phraséologie grandiloquente. L'écho du *Droit des peuples à disposer d'eux-mêmes*, de la *Dernière guerre*, de la *Paix universelle*, etc..., etc..., arriva jusqu'en Corée, et naturellement, les Coréens se laissèrent prendre à ce mirage, croyant fermement que la grande guerre européenne se livrait pour l'amour de l'Humanité et de la Justice. Eux, victimes de l'injustice et de l'inhumanité, ils voulaient voir là l'espoir de se libérer prochainement de l'oppression étrangère. La population tout entière semblait prête à se soulever d'un moment à l'autre, mais Bac Sontcho recommanda le calme avec des raisons pleinement valables.

Pendant que les Coréens attendaient impatiemment la fin de la guerre, Bac

Sontcho, d'accord avec ses amis de l'intérieur, prépara soigneusement la prochaine proclamation solennelle de l'indépendance de la Corée. C'était une tâche difficile à cause de la cruauté et de la surveillance trop vigilante des soldats japonais qui ne permettaient pas aux Coréens la réunion de plus de quatre personnes. Cependant les Coréens, à quelque religion ou profession qu'ils aient appartenu, n'avaient qu'un seul but. Ils marchaient tous sans exception vers l'indépendance nationale. Bac Sontcho fit désigner secrètement trente-trois notables coréens, appartenant à différentes classes sociales, ainsi qu'à différentes religions et organisations politiques, qui devaient apposer leurs signatures au bas de la proclamation au nom du peuple coréen. Dès lors, chacun voulut être le premier à sacrifier sa vie et sa fortune pour avoir plus d'honneur dans la résurrection de la patrie morte. C'était vraiment une lutte à la fois intime et pathétique!

Parmi les milliers de sacrifices volontaires, il faut signaler celui du Chundo-Kyo, une secte politico-religieuse du pays qui groupe plus de trois millions de fidèles. Elle mit pour ainsi dire sa caisse entière à la disposition du mouvement, sans compter tous ceux de ses fidèles qui, à la même cause, sacrifièrent leur vie.

Le Japon qui battit les Allemands du côté de l'Entente dans la guerre européenne, en était à coup sûr le plus grand profiteur! Il n'a jamais connu dans son histoire, une prospérité économique aussi florissante que pendant la guerre. D'ailleurs, dès le début des hostilités, le Japon dissimulait mal sa joie débordante. Et il craignait toutefois que la guerre ne durât pas assez longtemps! Parmi les mille raisons de sa joie, il convient de signaler que le Japon ne voyait jamais d'un bon œil les puissances blanches installées en Orient. Car cela constituait un obstacle presque insurmontable à la réalisation de son fameux programme impérialiste qui consistait à avaler la Chine comme il a fait de la Corée — qu'il ne digérera d'ailleurs jamais ! — Mais la guerre de 1914 lui laissait le champ d'action libre en Chine. Il s'y attaqua cyniquement, avec une rapidité extraordinaire, comme un loup affamé.

Après sa victoire sur une poignée d'Allemands de Chang-Tung, le Japon démasquant ses projets, adressa à la Chine des demandes honteuses restées désormais célèbres et que je n'ai pas besoin de mentionner ici. Pendant toutes les intrigues grossières du Japon, Bac Sontcho et ses amis continuèrent en silence leurs derniers préparatifs. On se mettait d'accord pour confier la rédaction d'un texte de la prochaine proclamation de l'Indépendance de la Corée au célèbre publiciste Tchai Nam-Sun, en lui indiquant les grandes lignes. En somme, tout était prêt en secret quand enfin la fin de la guerre arriva.

Les Coréens envoyèrent une délégation à Versailles. Et aux échos du principe wilsonien qui bourdonnait partout dans le monde, la Corée entière, débordant de joie proclama solennellement son indépendance nationale, le 1ᵉʳ mars 1919, par la voix unanime de ses vingt-trois millions d'habitants.

Voici le texte de la proclamation qui fut lancée dans le monde entier, et cela, malgré la vigilance des troupes et des policiers japonais.

DÉCLARATION D'INDÉPENDANCE DE LA RÉPUBLIQUE CORÉENNE

Nous, les représentants du peuple coréen, par la présente, déclarons à toutes les nations du monde, l'indépendance de la Corée et la liberté du peuple coréen, et nous annonçons à nos enfants et nos petits-enfants les grands principes d'égalité et le droit éternel du peuple à se préserver lui-même. Pleins d'une auguste vénération pour les quatre mille ans de notre histoire et au nom de nos vingt millions d'habitants loyaux et unis, nous déclarons notre indépendance pour garantir le libre développement de nos enfants dans tous les temps à venir, en conformité avec la conscience éveillée de l'homme dans cette ère nouvelle. Ceci est la claire inspiration de Dieu, le principe vivant de l'âge présent et le juste droit de la race humaine.

Victimes du temps passé quand la force brutale et l'esprit de pillage régnaient, nous avons souffert l'agonie d'une oppression étrangère pendant les derniers dix ans; nous avons été privés de tous droits d'existence, nous avons été dépouillés de notre liberté de penser et de parler, on nous a refusé toute juste participation dans le progrès intelligent de l'âge dans lequel nous vivons.

Assurément, si les torts du passé doivent être redressés, si la souffrance du présent doit être soulagée, si une oppression future doit être évitée, si la pensée doit être exprimée librement, si le droit à l'action doit être reconnu, si nous devons obtenir le privilège du libre développement, si nous devons délivrer nos enfants de l'héritage douloureux et honteux, ce qui s'impose d'abord, c'est la complète indépendance de notre Nation. Aujourd'hui, nous tous Coréens, au nombre de vingt millions, armés des principes d'équité et d'humanité, nous nous levons pour la Vérité et la Justice. Quelles barrières sont sur notre chemin que nous ne puissions briser?

Nous n'avons nullement l'intention d'accuser le Japon de déloyauté, quand il imputa à la Chine la violation du traité de 1876; d'arrogances injustifiées quand ses bureaucrates nous traitèrent comme un peuple conquis; de desseins honteux lorsqu'il bannit notre chère langue et notre histoire; de honte quand il employa des moyens intellectuels tels qu'ils paralysèrent notre culture, d'où dérive sa propre civilisation se complaisant à nous fouler sous sa botte, dans nos terres comme dans celles des sauvages.

Ayant de plus nobles devoirs, nous n'avons pas le temps de trouver des torts aux autres. Notre besoin urgent est le rétablissement de notre maison et non la discussion de ce qui l'a détruite. Notre travail est d'éclairer l'avenir en accord avec les ordres formels dictés par la conscience de l'espèce humaine. Ne nous offensons pas des torts du passé.

Notre rôle est d'influencer le gouvernement japonais obstiné comme il l'est dans ses anciennes méthodes de force brutale contre l'Humanité, de façon qu'il puisse modifier avec sincérité ses principes dirigeants selon la Justice et la Loyauté. Ayant annexé notre contrée sans le consentement de notre peuple, le Japon a établi à son propre bénéfice des comptes faux de profits et de pertes; il nous a opprimés de façon indescriptible, creusant un fossé de haine de plus en plus profond.

Les torts du passé ne seront-ils pas redressés par une raison éclairée et un noble courage? Est-ce qu'une compréhension sincère et une amitié loyale fourniront les bases de nouvelles relations entre les deux peuples?

Nous aveugler, nous, vingt millions de Coréens, par pure force, ne signifie pas seulement la perte de la paix pour toujours entre les deux nations; mais ce serait la cause d'une défiance et d'une haîne toujours grandissantes contre le Japon de la part de quatre cents millions de Chinois qui sont le pivot sur lequel repose la paix perpétuelle de l'Asie orientale et même de l'Univers. Le temps de la force est passé. Une nouvelle ère est arrivée, une renaissance universelle que nous envisageons sans hésitation et sans crainte. Pour la liberté de notre peuple coréen, pour le développement libre de notre génie national, pour l'inviolabilité de notre sol, nous sommes tous unis par cette mâle détermination en ce jour mémorable! Puisse l'esprit de nos aïeux nous aider à l'intérieur et la force morale du monde nous aider à l'extérieur! Que ce jour soit celui de notre réussite et de notre gloire!

Dans cet esprit, nous nous engageons à observer les trois résolutions suivantes:

I. Pour la Justice, l'Humanité et l'Honneur, nous nous efforcerons qu'aucune violence ne soit faite à qui que ce soit.

II. Jusqu'au dernier homme, jusqu'au dernier moment nous garderons ce même esprit.

III. Tous les actes seront honorables et en accord avec notre esprit coréen de probité et de franchise.

En cette quatre mille deux cent cinquante-deuxième année de la fondation de notre Nation Coréenne, en ce premier jour du troisième mois.

Au nom du peuple coréen :

Signatures des trente-trois représentants du peuple coréen.

Les trente-trois représentants qui signèrent cette déclaration de l'Indépendance se réunirent la veille du 1er mars 1919, dans une salle de Tai-Wha-Kwan, un des plus grands hôtels coréens de Séoul. C'est dans cette salle simple autour d'une table ovale qu'ils proclamèrent solennellement l'Indépendance de la Corée et la liberté du peuple coréen. Après avoir juré de sacrifier leurs vies pour la cause de la patrie, ils élevèrent leurs verres pour la santé des uns et des autres. Ce n'est que le lendemain matin qu'ils terminèrent leur conversation solennelle, et puis aussitôt ils prévinrent la police japonaise. Celle-ci surprise, envoya immédiatement sur les lieux des troupes et des automobiles. Les trente-trois représentants de la Corée remirent aux policiers chacun un exemplaire de la proclamation et ils montèrent le plus naturellement du monde dans les automobiles qui devaient les amener dans l'enfer des prisons japonaises.

Dans l'espace de vingt-quatre heures, dans tous les coins du pays, les Coréens de tout âge et de tout sexe manifestèrent en faveur de la libre Corée en criant le fameux *Mansai,* qui veut dire : Vive la Corée indépendance !

Le mouvement d'indépendance fut, dès son début, simplement une démonstration pacifique et une résistance passive. Les leaders aussi bien que les partisans furent liés par un serment solennel de ne commettre aucune violence, comme on l'a vu plus haut, quoi qu'il arrivât, et de ne pas offrir de résistance en cas d'arrestation.

Mais le Japon crut nécessaire de faire comprendre une fois de plus aux Coréens combien pointues sont ses baïonnettes et combien tranchants sont ses sabres ! En moins de trois semaines, trente-deux mille hommes et femmes furent jetés en prison. Environ cent mille furent tués et blessés, entre autres des vieillards, des jeunes filles et des enfants !

Le 28 mars 1919, plus de mille personnes sans armes furent tuées, pendant une démonstration de trois heures faite à Séoul. Les gens furent flagellés, fusillés ou passés au fil de la baïonnette. Les femmes en particulier furent dépouillées, mises à nu, traînées dans les rues, et fouettées devant la foule, spécialement les membres des familles des leaders. Les emprisonnés furent torturés, et s'il en fut ainsi dans la capitale, ce fut bien pis dans les districts de la campagne, et quelques étrangers ont été témoins de scènes déchirantes.

Voici une autre cruauté sans précédent : le 15 avril 1919, à Chai-Am-Li, village du district de Suwon (trente-cinq kilomètres de Séoul) trente-neuf maisons furent cernées par des soldats japonais en armes, pour que personne n'en pût sortir. Puis ils les incendièrent. Quarante-deux maisons à Suchon et vingt-cinq à Whasuri, districts de Suwon, furent détruites de la même manière. Arrêtons ici, car il serait impossible d'énumérer tous les gestes criminels du Japon à l'égard de la Corée.

Bac Sontcho, l'âme de la révolution coréenne, resté toujours à sa place de simple militant, déploya plus que jamais toute son activité. Il réussit à constituer un gouvernement provisoire, d'accord avec l'Assemblée Nationale de la République coréenne, qui fut réuni à Séoul pour la première fois par les représentants des treize provinces coréennes, d'ailleurs mitraillés ou emprisonnés par les autorités japonaises. En attendant le résultat de la Conférence de Versailles, on travaillait avec un immense espoir.

Pendant ce temps-là, la délégation coréenne à Versaille, dès le premier jour de son arrivée, rencontra une triste déception! Où était la joie débordante du départ? La Conférence refusa purement et simplement de s'occuper de la Corée! Le principe wilsonien n'y était que de vains mots. L'Humanité, la Justice n'y étaient que pour être foulées poliment aux pieds. Chacun s'y était armé jusqu'aux dents pour remplir son ventre le mieux possible. Nul n'y était plus éloquent qu'un sombre loup aux dents tranchantes et aux ongles terribles. Il démontrait facilement, en un discours, fort applaudi par de trop mielleux renards, la culpabilité des innocents agneaux et le crime des stupides baudets.

Qu'importe aux puissants le malheur des faibles dont ils font cyniquement leur bonheur glorieux.

Déçu et indigné, le peuple coréen crut d'abord que son espoir s'évanouissait dans le néant, que ses efforts s'écroulaient dans l'abîme ! Cependant il ne se découragea point, au contraire, sa déception et son indignation ayant fortifié son courage, il s'apprêtait toujours avec un élan grandissant à s'engager dans une lutte nouvelle infiniment plus complexe. Bac Sontcho lui-même, jugeant sa tâche principale à l'étranger terminée, rentra secrètement en Corée pour réorganiser le mouvement révolutionnaire qui se développa dans tous les coins du pays.

Malheureusement, à la fin de l'année 1921, Bac Sontcho fut arrêté par la police japonaise qui le fusilla sans aucun procès!

Voilà une vie bien mal récompensée! c'est la Justice qui doit s'en scandaliser!

Voilà une lumière trop brusquement éteinte! c'est l'Humanité qui doit en rougir!

C'est le monde civilisé qui doit punir les gestes criminels du Japon.

C'est lui qui doit se défendre contre le Japon oppresseur!

Non, non, Bac Sontcho n'est pas mort. Il est plus vivant que jamais dans les cœurs de tous les Coréens! Sa mémoire sera célébrée par l'Humanité et par la Justice! Bac Sontcho, c'est l'Humanité, c'est la Justice!

Bac Sontcho, c'est la Liberté.

FIN

IMPRIMERIE FRANÇAISE
DE L'ÉDITION
12, RUE DE L'ABBÉ-DE-L'ÉPÉE
PARIS